社会学的思考の歴史

社会学は何をどう見てきたのか

田中耕一
Koichi Tanaka

関西学院大学出版会

社会学的思考の歴史　目次

イントロダクション
―― 歴史と社会のパースペクティブ

1 「歴史 history」ということばの意味

　何ごとにも歴史があります。歴史という言い方は、少し大げさに聞こえるかもしれないし、変化の激しい現代に生きていると、歴史はたんなる過去で、現在とは関係のない「昔」のことに過ぎないと思うかもしれません。10年前ですら「大昔」で、10年前の本や論文など、今ではまったく通用しないなどという声を若いひとから聞いてびっくりすることもあります。

　だとすれば、社会学的思考の歴史はもちろん、そもそも歴史など学ぶ意味は、いったいどこにあるのでしょうか。あるいはそもそも歴史というのは、たんなる過去に過ぎないのでしょうか。

　たしかに「歴史 history」ということばを聞いて、まず連想するのは、何か過去のできごとを指しているということだと思います。それは間違いではありませんが、それだけなら、わざわざ「歴史」などと言う必要はありませんね。「歴史」と言うからには、過去のできごとが何らかのかたちで現在と関係がある、つながっている、そういう意味が込められているはずです。E. H. カー Edward Hallett Carr（1892-1982）のことばを引けば、歴史とは「現在と過去との間の尽きることのない対話である」ということになるでしょう。現在という光に照らした過去、あるいは過去という光に照らした現在。

　ただ、このような見方も、けっして当たり前というわけではありません。じつは、カーの何気ない言い方のなかに響いているのは、歴史観の大きな対立 ―― 歴史的事実が客観的に存在することへの19世紀的な信仰（できごととしての歴史）と、20世紀に台頭する、現在という

視点からの解釈としての歴史（記述としての歴史）の対立なのです。よく見てみると、もともと「歴史」ということばには、このような異なる意味の層が深く刻み込まれているように思われます。

　history（英）/ histoire（仏）の語源をたどると、（古代）ギリシャ語の「ιστορία（イストリア）」に行き着きますが、それは「探求」、「調査」、あるいは探求（問うこと、尋ねること）や調査を通して「学ぶこと」や獲得された「知識」などを意味しています。まったく意外なことなのですが、「歴史の父」と呼ばれているヘロドトス（前5世紀）は、このことば、「イストリア」をまさにそのような意味でしか使っていません。

　たしかに、アリストテレス（前4世紀）のころになると、過去のできごとについての探求や知識を意味するようになり、しだいに私たちが想像する「歴史」に近づいてはいくものの、「イストリア」のもともとの意味が失われるわけではありません。それは、（中世）ラテン語の「historia（イストリア）」の、語る、書く、記述するなどという意味を通して、現在の英語やフランス語などへと受け継がれています。

　ですから natural history は自然の歴史ではなくて、自然の記述／表象＝「博物学」のことを指しています。自然の歴史と誤解して、進化論などを想像するかもしれませんが、それは見当違い。ミシェル・フーコーが鮮やかに描き出したように、17-18世紀の知の典型である博物学は、あくまで自然を分類し記述し表象する分類学（類似による分類）です。そこにはまだ、19世紀の生物学に見られる進化論のような時間意識はありません。

　こうしてみると、「歴史」ということばには、一方で、過去のできごととそのものの事実性へと直接的に向かう意味の層と、他方で、それを探求し、記述し、語る（表象すると言ってもよい）というもうひとつの意味の層が含まれていることがわかります。したがってどちらが強調されるかによって、異なった「歴史」像が描かれることになるで

しょう。カーの議論の背景にある（19世紀と20世紀の）歴史観の対立も、じつはもっと根深いというか、本質的な、「歴史」のアンビバレンス（両義性）のあらわれなのかもしれません。

②　歴史観の変遷と「事実」の居場所

　私たちが高等学校で学んだ「世界史」「日本史」、そして大学で学ぶ「歴史学」から、さまざまな地域や国家の歴史まで、そのような教科としての「歴史」のベースとなる「歴史学」が誕生したのは、まさに19世紀で、その基礎を築いたのは「近代歴史学の父」と呼ばれるレオポルト・フォン・ランケ Leopold von Ranke（1795-1886）です。ランケは、史料（歴史資料）を収集し、それを批判的に検討することによって、「あるがままに、客観的な事実のみを語る」実証主義的歴史学を確立したとされています。

　しかしながら、私たちがまさに「世界史」で学んだように、この時代、19世紀はどういう時代かというと、「近代国民国家」が成立する時代、つまり「想像の共同体」（ベネディクト・アンダーソン Benedict Anderson 1936-2015）としての「国民」という集合的なアイデンティティ、「国民意識（ナショナリズム）」が新たに生み出され、つくり出されていく時代です。そして国家ごとの「歴史」なるものは、まさにそうした「国民」と「国民意識（ナショナリズム）」という「フィクション」を生み出し、つくり出していく上で、とても重要なはたらきをしました。大衆化した学校制度の確立によって、教育のなかで、それぞれの国家の「歴史」を学び、「国民意識」を身につけた「国民」が育成されたのですから。「客観的な事実」を大事にしたはずの近代歴史学が、じつはその原理とは相反する「フィクション」を生み出すことになるとは、何と皮肉なことでしょう。

　ただし、ことはこれだけでは終わりません。近代歴史学が自らの主

張を裏切ることに加担してしまったというのは、はたして本当なのでしょうか。歴史学に限らず、社会学を含めて、近代的な実証的・科学的な思考の基礎にある「客観的な事実」なるものそのものが、じつは「フィクション」に過ぎないのではないかという疑念は、文化相対主義とか、構造主義とか、ポスト・モダニズムとか、もう少し新しくなると構築主義とか、カルチュラル・スタディーズなど、さまざまな思潮のなかで、さまざまなかたちと強弱で、くり返し語られてきたことです。歴史について言えば、たとえばヘイドン・ホワイト Hayden White（1928-2018）は、歴史を「物語り言説 narrative discourse」としてとらえ、それがどのような語りの形式（レトリック）によって成り立っているかを考えようとします。

　本書でくわしく見るように、社会学でも20世紀後半になると、そうした色合いが強くあらわれてきます。社会学の場合は、それまでの科学と「客観的な事実」への信仰が大きく揺らぎ、社会的現実の意味をつくり出しているのは、当の現実の内部で生きる当事者としての普通のひとびとであるということが強調されるようになっていきます。

　このような考えは、もちろんそれなりに正しいのですが、安易にこのような道がとられると、歴史だけではなく、あらゆる社会的な事実の「フィクション」化が進み、結局のところ歴史的な事実、社会的な事実などというものは、いかなる解釈も可能なのだ（「何でもあり anything goes」）という、破滅的な議論がまかり通ることになってしまいます。いったい事実とは何なのか、当事者としての普通のひとびとによって、社会的現実の内部から事実がつくり出されるとはどういうことなのか、あとでくわしく見ていくことにしましょう。

　ところで、このような「客観的な事実」の不安定化は、たんに思想や学問の世界だけの話ではありません。むしろそれは、私たちの日常生活、身の回りで起こっていることです。たとえば、都合の悪い「歴

史的な事実」を否定したり、意味を変えようとする歴史修正主義の問題や、2016年のアメリカ大統領選挙で問題になったフェイクニュースの氾濫や、陰謀論の蔓延など、まさに「ポスト真実 post-truth」（オックスフォード大学出版局が選んだ、2016年の the word of the year）の時代という表現が的を射ているような状況が眼前にあります。

　このような時代の到来は、まさに社会学（的思考）が取り組まなければならない重大な社会現象です。本書の性質上、この問題に本格的に取り組むことはできませんが、少なくともこの問題を見通すことができる地点くらいまでは到達したいと思っています。

3　社会学の「精神」

　歴史というパースペクティブは、まさに今はもうここにはないものを見ようとする努力ですから、そのための想像力 imagination を刺激し、そして鍛えてくれます——歴史の想像力は、今（＝現在）という現実の外に出ることによって、そこから自由になるための翼であると言ってもよいでしょう（現代を支配する「新自由主義」（第10章）が与える、見せかけの自由、競争する自由ではなく！）。

　社会（学）というパースペクティブも、同様のはたらきをします。かつて私たち（の祖先）は、見知った者たちの「共同体」（近代以前の村落共同体を想像してください）のなかに包摂され、良くも悪くもある程度定まった人生を生きてきました。近代の「社会」という空間は、共同体が壊され、そこから投げ出され、見知らぬ「他者」どうしとなったひとびとの集まりです。ひとりひとりの境遇もまた変化しやすく安定しない。

　私たちの眼前には、さまざまな見知らぬ「他者」（私もそのひとり）と、流動的で不安定な境遇（それはいつ自分のものとなるかもしれない境遇）が広がっているわけです。それらを想像したり理解したりする

ことができなければ、その存在においても、境遇においても多様である私たちは、自らの生を見通すことができないばかりでなく、互いをリスペクトしながらよい関係を築いていくこともできません。だから社会（学）の想像力は、ここ（を生きる私）という、せまい現実の外に出ることによって、そこから自由になるための翼であると言えるでしょう。

　私は、このような想像力のことを、マックス・ウェーバーの資本主義の「精神」を模して、社会学の「精神」と呼ぼうと思います。資本主義の「精神」とは、資本主義を生きていくために求められる態度ですが（くわしくは第5章）、社会学の「精神」は、社会を生き、そして社会を築いていくために求められる態度（想像力）です。それがたんに社会の「精神」であるばかりでなく、社会学の「精神」でもあるのは、社会学を学ぶ意義が、何にも増して、現実の社会を生き、そして現実の社会を築いていくための、実践的な態度（想像力）を身につけることにあると思うからです。

　では、前置きはこのくらいにして ── 少しだけ長い航海へ、一緒に出かけましょう！

参考文献───────────────────────────────

E. H. カー『歴史とは何か』岩波新書 (1962: 原著 1961)

柳沼重剛『語学者の散歩道』岩波現代文庫 (2008)

野家啓一『歴史を哲学する』岩波現代文庫 (2016)

ミシェル・フーコー『言葉と物』新潮社 (1974: 原著 1966)

ベネディクト・アンダーソン『想像の共同体』NTT 出版 (1997: 原著 1983)

ヘイドン・ホワイト『メタヒストリー』作品社 (2017: 原著 1973)

第1章

社会学前史
──契約説、政治経済学、社会主義そして社会学

社会学という学問分野が実質的に誕生するのは、19世紀も末に迫るころなのですが、その研究対象とされる「社会」なるものが明確な輪郭をあらわしてくるのが18世紀から19世紀にかけてです。そこでまずは、社会学が誕生する前夜というか社会学前史、つまり社会学の研究対象である「社会」の輪郭が、どのようにして立ち上がってきたのかということ、そして来るべき社会学はこの新しい現実に対してどのようなスタンスをとろうとしていたのか、ということを見ておきたいと思います。前者については、アダム・スミスとジャン＝ジャック・ルソーの議論にもとづいて、そして後者については、当時の社会主義と社会学の関係を通して、明らかにしていきましょう。

1 トマス・ホッブズの契約説

スミスとルソーの18世紀を語る前に、17世紀の思想家トマス・ホッブズ Thomas Hobbes（1588-1679）について触れておきましょう。かれは、どんな教科書にも書いてあるように、ルソーと並んで、「社会契約説」を主張したことで有名ですね。ところがホッブズは、ほとんど「社会 society」という語を使っていませんし、一度も「社会」を論じていません。じつは、この時代、のちに「社会」と呼ばれることになる、ほぼ国家と重なる範囲に広がる、同等／平等なひとびとの集ま

Thomas Hobbes
(1588-1679)

りとかれらの活動の総体は、やっと姿をあらわし始めたところです。したがって「社会」ということばも、仲間や集まりといった、古くからある用法を超えた使われ方はしていません。たしかに civil society あるいはたんに civil という用語は使われています。ただし、このことばはこの時代に至るまで、政治的共同体としての「国家」だけを指しています。ちなみにホッブズは国家を commonwealth と呼びますから、civil society という用語もほとんど使いません。

　ホッブズは基本的に「社会」という用語を使わないので、「社会（的）契約 social contract」などと言ったことは一度もありません。その意味では、ホッブズの議論は、けっして「社会契約説」ではありません。ただの「契約説」です。「社会」が明確に姿をあらわすのは、18 世紀を待たなければなりません。

　それでもやはりホッブズは、18 世紀のスミスやルソーの「社会」についての議論の準備というか、さきがけであったことは間違いありません。ホッブズは、人間の「自然状態」というのは「万人の万人に対する戦争」、つまりまったくの無秩序であり、ひとびとはそれを「契約 covenant」によって克服して、共通の権力として（旧約聖書の海獣「リヴァイアサン」にたとえられる）国家を創設したのだと主張しました。この論理構成そのものが正しいのかどうかとか、はたして国家の成立をうまく説明できているのかとか、いろいろと問題はあるのですが、ここではそれ以前の最も重要なポイントを指摘するだけにとどめましょう。ここで重要なことは、かれの論理構成の仕方、「自然状態」と国家（civil ≠ 社会）状態が正反対の位置にあって、それをひとびとの「契約」がつないでいるという構図です。これは、アリストテレス以来の基

8

本的な考えを完全にひっくり返してしまう、驚くべきアイデアでした。

　その昔、古代ギリシャの哲学者アリストテレスは、「人間はその自然な本性において政治的／ポリス的動物 zoon politikon である」と言っています。それは政治的共同体（国家）としてのポリスの一員、市民であることは、家（族）の一員であるのと同様というか、それ以上に、人間にとって不可欠で本来的、「自然」なことという意味です。たんなる生活の共同（家族）を超えた、ことの良し悪しをめぐって組織される政治的共同体（国家／ポリス）の一部であることが、人間にとって本来的で自然なものであるということです。ちょっと難しいですね。とても大雑把に言えば、今は、人間はたしかに他人に依存してはいるけれど、本来的には独立した個人であると考えますが、そうではなくて、本来的には共同体の一部だと考えるわけです。ちなみに、政治的共同体 politike koinonia（ポリス／国家）は、ラテン語で societas civilis、英語では civil society になっていくため、とても混乱を招きやすいのですが、アリストテレスのことばの意味は「社会的動物」ではありません。くり返しになりますが、societas civilis も civil society も、少なくとも 17 世紀までは、政治共同体としての国家を指しているのであって、「社会」（それは 18 世紀に誕生するのですから）を指してはいません。

　いずれにしても、アリストテレス以来の考え方、つまり国家の一員であることが、家族の一員であることと同様に、あるいはそれ以上に、人間にとって不可欠で「自然」というか「本来のあり方」であるという考え、定説をホッブズはひっくり返してしまったのです。

　どのようにひっくり返したのでしょうか。国家の一部であることは本来的で「自然」、国家の意志である法もまた「自然」、自然法 natural law です。近代の実定法 positive law のように人間が制定するものではない。ちなみに、自然法は中世には神の法と同義になっていきます。

Leviathan（1651）の表紙の一部

で、この時代になると、法だけでなく、ひとびとの権利≒自由もまた自然なもの（神による）という考えが強くなっていきます。自然権 natural right ですね。自分の生命や財産などを守る基本的な権利です。ホッブズは自然法ではなく自然権にもとづいて考えるというか、自然権をベースに考えないと、自然法も理解できないと考えます。人間の自然な状態というのは、自然法が支配するというより自然権が支配します。つまり、自己保存 conservation の自然権が（それはあらゆるものへの権利へと拡張されるので）相互に衝突しあう「万人の万人に対する戦争」と呼びうる状態です。国家があって、権力と法的秩序があるのが本来的、自然ではなく、ないのが自然。だから「リヴァイアサン」にたとえられる国家という共通の権力は、ひとびとが自然権を譲渡する（自分の生命を守る権利まで譲渡するわけではありませんが）ことを契約し、自然状態を克服することによって成り立つ。その説明がうまくいっているかどうかはともかくとして、出発点がまったく逆なのです。みごとにひっくり返しました。それ以降、私たちは、人間は本来的に共同体の一部ではないと自然に感じるようになった時代を生きているわけです。

　ただ、これはホッブズが頭のなかだけで、これまでの考えをひっくり返したということではありません。たしかにホッブズの着想は天才的なのだけれど、それだけではありません。もっと思い切って言えば、つぎのようになるでしょう。ホッブズの時代には（イングランドとスコットランドは大陸に先駆けて）、しだいに皆（といってもブルジョアジーというか、ジェントリーと呼ばれる地主層ですが）が平等な権利≒

自由を主張し、対立しあうような状況が現実にあらわれていました。かれは「自然は人間を平等につくった」と強調します。だから闘争になる。イギリス革命（ピューリタン革命と名誉革命）です。互いにそして国王と対立する、平等なひとびとの集まりの全体、これがのちの「社会」なのですが、それがしだいに姿をあらわしつつあった。ホッブズが自然状態と呼んだものの原型は、まさに当時あらわれつつあった平等な権利≒自由な者どうしの衝突、ぶつかりあいであったと言うべきかもしれません。かれはそれを論理的な始まりとして、かつて歴史の始まりにあった（かもしれない）想像上の自然状態へと置きなおしたということなのだと思います。かれが描いたのは、歴史の始まりにあったはずの自然状態なのですが、その原型は今まさにあらわれてきた状況そのものとしての自然状態だったのではないか、ということです。国家とは自然にできるものではない。平等なひとびとの相互対立を信託された権力によって統治するもの（1620 年の「メイフラワー契約」はまさにそれですね）、それこそが国家 commonwealth だというのがかれの考えなのです。

　ホッブズによって使われなくなった civil society（国家）ということばは指示対象を失って宙に浮きます。しだいにそれは civilized society へと変化していき、18 世紀のアダム・スミスの時代になると、ひとびとの（豊かな）文化や（高い）生活様式（道徳）を内に含んだ（つまり civilized 文明化した）「社会 society」ということばが単独で使われるようになっていきます。

2　「社会」の誕生──アダム・スミスの政治経済学

　18 世紀になると、いよいよブルジョアジー（産業資本家）を中心にした経済活動のプレゼンスがどんどん大きくなっていきます。経済的

Adam Smith
(1723-1790)

な活動をベースにした、平等／対等なひとびと
の集まりの全体性がしだいに、しかし確実に大
きくなっていきます。

　ホッブズは、そこには自己保存の自然権（そ
れはあらゆるものへの権利へと拡張される）の相
互対立があるだけだと考え、だからこそ共通の
権力としての国家（「リヴァイアサン」）が必要だ
と考えましたが、アダム・スミス Adam Smith
（1723-90）は違います。かれは、そこにひとび
とが秩序をつくりだしていく、まったく驚くべきメカニズムがあるこ
とを発見します。そう、「（神の）見えざる手 an invisible hand」にな
ぞらえられる市場（の価格調整）メカニズムのことです。ちなみに、ス
ミスは「見えざる手」という語を『国富論』のなかではたった一度しか
使っていません（『道徳感情論』でも一度だけ）し、「神の」などとはいっ
さい言っていません。当時、このことばは神学的な背景をともなって
一般に使用されていたようなので、この翻訳が間違いとは言いません
が、ちょっと過剰な気もします。

　さて、私益の追求が、市場メカニズムを通して、公益の実現につな
がる。これはいったいどういうことなのでしょうか。スミスはそんな
単純なことは言っていませんが、以下のように考えるのが最もわかり
やすいと思います。まず、あなたが商品の売り手として市場に参入す
るということを想像してみてください。どこかで仕入れた商品でもい
いし、自分でつくった商品でもかまいません。問題なのは、あなたが
そこで儲かる、つまり私益を実現するにはいったいどうしたらよいの
かということです。ある意味で、答えは簡単というか、言うは易し、
行うは難しとでも言ったらよいでしょう。たくさん売れる、つまりみ
んなが欲しがり、買って喜ぶ商品を、もちろんできるだけ安く売り出

せばよい。現実には、みんなが何を欲しがっているか、何を買って喜ぶかはそんなに簡単にわかりませんし、仮にわかったとしてもそれをだれよりも安く売り出すのはかなり困難だと思いますが、今ここで重要なのは、実際にうまくいくかどうかではなくて、その論理です。あなたの商品をみんなが買って喜ぶ、幸福になる、これは公益の実現ですね、それによってあなたが儲かる、つまり私益の実現になるわけです。公益を実現すれば、私益になる。みんなに奉仕すれば、儲かる。すごいでしょ。市場というのは、みごとに私益の追求を公益の実現と結びつけることができるのです。経済学の教科書の最初のページには、まずこの驚きについて書かなければならないと思います。大事なのは、市場メカニズムの背後にある、この事実と、それへの驚きのはずです。

　ただし、もちろんそこには大きな落とし穴があることも忘れてはいけません。市場は多くのひとが求める、欲しがる商品の供給に偏ります。少数のひとたちは不利な立場にたたされます（そもそも必要な商品が供給されないとか、値段がすごく高いとか）。少なくとも、市場だけで完全な秩序が実現するわけではありません。現代の新自由主義者が主張するような市場万能主義は、明らかに間違っています。

　17 世紀から 18 世紀になると、個人という対等で平等な equal ひとびとの集まり（あるいは活動の総体）がしだいに大きくなり、まわりのひとたちをのみ込んで（包摂して）いきます。これまでにはなかった、このような同等な者たちの、ますます大きくなっていく集合態が「社会」と呼ばれるようになっていきます。

　さて、スミスは、このような市場メカニズムと交換を通して、ひとびとが結びつき、一定の秩序が実現していること、あるいはそのような全体のことを、はじめは「商業社会 commercial society」、そしてただの「社会 society」と呼ぶようになります。そこには市場メカニズ

ムという自然で自由で自律的な秩序がある。だから、国家との関係で見ると、国家が直接的にこの秩序に介入しようとしてもうまくいかないというわけです。16-17世紀以来、国家は「人口 population」という名で、ひとびとの活動の総体に対して、それを開発したり利用したり介入したりしようとします。有名なのは、食糧難における小麦価格の統制の問題です。国家が無理やり価格を下げさせても、そもそも小麦が市場にないのですから、問題は解決しない。むしろ市場に任せて価格が上がれば、外国からも小麦が入ってきて市場に出回るようになるし、価格も再び下がるというわけです。市場メカニズムの自律性に任せよというのです。ここに国家的、政治的な秩序とは異なる、「社会的」な秩序とでも呼べるようなものがあらわれてきます。そして、このような「社会」の「自然」な秩序を守り、ひとびとの「自由」な行動を守るという「自由主義 liberalism」がここに誕生してくることになります。

ところで、ホッブズ以来、宙に浮いてしまった civil society が civilized society に変わり、さらに civilized の意味を含んで、単独の society として使われていくので、「社会」ということばはたんにそのコアとなる市場メカニズムだけではなくて、ひとびとの文化や生活様式（道徳）さらには思想や哲学を含むものになっていきます。自由主義という思想、哲学がそこからあらわれてくるというのも、だからこそなんですね。少し先取りすると、市場メカニズムを取り囲む、さまざまな膨らみの部分、文化や生活様式（道徳）が、これから社会学の重要な研究対象になっていきます。

3 ルソーの「社会的 social」契約

ジャン＝ジャック・ルソー Jean-Jacques Rousseau（1712-78）は、

スミスとは違って、明示的に「社会société（仏）」
について語ることはありません。あくまで政治
的共同体としての国家société civile の成立可
能性というホッブズの文脈で思考していると
言ってよいでしょう。もちろんホッブズとは
違って、国家を成立させるための契約が「社会的
social」であるというのはどういうことなのか、
については考えなければなりません。そこに、
かれが考える「社会」の原理とでもいうものが
隠れているからです。

Jean-Jacques Rousseau
（1712-1778）

　ルソーの出発点もまたホッブズと同様に、人間の平等性・同等性に
あります。ただしホッブズは、そこからただちに自己保存の自然権が
相互に衝突しあう戦争状態を導き出し、それを「自然状態」と考えま
した。ルソーはそこに疑問を投げかけます。それは本当の意味での
「自然状態」とは言えないのではないか、と。どうしてでしょう。な
ぜ自己保存の自然権がそれほど簡単に衝突しあう、戦争になると言え
るのでしょうか。それはひとびとがというか、ひとびとの一部が豊か
な私有財産をもち、それを（貧しい）ひとびとから守らなければなら
ないという、すでに不平等な状況があるからではないのか（財産権と
いう制度とそこから生じる不平等）。ひとびとが質素な生活を営み、大
きな不平等がない状態であれば、こんなことは起こらないはずだ。
　しかも自然の十分な恵みがある場所なら、（ルソーの言う）野生人た
ちは互いに衝突することなく自己保存が可能でしょう。文明化のなか
で、一定の豊かさ、貧富の差が「私有財産」というかたちで不平等に
配分されたときにこそ、そうした争いがはじめて生じるようになるの
ではないかというのです。だから、じつはそれは「自然状態」でも何
でもない。ある程度文明化が進んだ、civil 状態にほかなりません。

そこから、そうした不平等を固定化するかたちで、契約と称して、法
と国家が成立するというのです。

　だから、ホッブズの契約は、不平等を固定化するための契約であっ
て、ルソーが考えるのは、そうした不平等を解体し、ひとびとをもう
一度平等にする（それが「社会的」ということの意味です）、そういう契
約です。「社会契約説」などという、わかったような用語で一括され
てしまうけれど、ホッブズとルソーでは、前提もそして目指すものも
まったく違うということがわかりますね。で、ルソーの契約は「社会
的」なのです。この社会的というのは、相互的とか、平等というよう
なことばと共鳴しています。要するに、ひとびとを「同じ」（よい意味
では平等・同等、悪い意味では画一的）にしていく、ひとつの運動のよ
うなものですね。社会とはそういう運動であって、それがどんどんひ
とびとを巻き込んで、拡大していくわけです。

　ひとびとを「同じ」にしていく（という意味で）社会的な契約によっ
て、政治共同体としての国家をつくる、これがルソーの社会的契約で
す。どうやってつくるのかについては、正直なところ、かなりアク
ロバティックというか、どうみてもうまくいっていないところも多
いと言わざるをえません。イギリス流のジョン・ロック John Locke
（1632-1704）の議論の方がはるかにリアリティがあるのも事実です。

4　社会主義と社会学 ── サン＝シモンとコント

　文明化 civilization による不平等への批判や、社会的≒平等にす
る契約という、ルソーの思想は、18 世紀末のフランス革命のバック
ボーンとなるばかりでなく、19 世紀の「社会主義」や、さらには 20
世紀の「社会的」国家＝福祉国家の理念にまで影響を与えていきます。

　19 世紀前半のフランスは、産業革命の本格的な進展と、まさにそ

の裏側である「大貧困 (1830 年)」という光と影に彩られています。都市の工場に労働者が集まり、生産が増大して商品があふれ、豊かなひとびとがあらわれると同時に、労働者たちはそれに反比例して貧困のなかに閉じ込められていきます。強烈な光と影のコントラスト、ヨーロッパの 19 世紀を特徴づける、大いなる不平等が支配していきます。

　アダム・スミスが 18 世紀に発見した、市場の自動調整メカニズムを中心とした自律的な秩序を形成するはずの「社会」は、19 世紀には、大いなる不平等、資本家 (豊かな者、支配する者) と労働者 (貧しい者、支配される者) の分断と対立、市場メカニズムがむしろ「悪魔の碾き臼 Satanic Mills」(カール・ポランニー Karl Polanyi 1886-1964) としてひとびとの共同性を解体し、「社会」を自壊させていくような過程に陥っていきます。

　ところで、アンリ・ド・サン＝シモン Henri de Saint-Simon (1760-1825) は、産業革命のまだ初期のころ (19 世紀初め) に、「産業主義 industrialisme」と称して、「産業者 industriel」(企業家たる資本家と被雇用者たる労働者の双方を含む) が支配する体制が必要であると主張しています。ただ、現代からみると、どちらの概念 (ことば) もちょっとわかりにくい。

　かれの思想は、のちにフリードリヒ・エンゲルス Friedrich Engels (1820-95) が、1802 年にすでに「プロレタリアート (無産階級)」に注目しているからと賞賛し、ロバート・オーウェン Robert Owen (1771-1858)、そしてシャルル・フーリエ Charles Fourier (1772-1837) と並んで、「ユートピア的社会主義」と命名しました。当時はまだ、大資本の時代ではなかったこともあって、「産業者」のなかには、資本家と労働者が一括されて

Henri de Saint-Simon
(1760-1825)

いて、両者の階級闘争という視点があるわけではありません。かれの主要な関心はむしろ、当時始まったばかりの産業革命、つまり工業化／産業化 industrialization をいかにして推進するか、工業化を推進できるような体制／システムを社会全体としてどうつくっていくか、という点にあります。たとえば、かれがとくに問題にしたのは、フランス革命で主役となった有産階級（ブルジョアジー）の資産が産業のための資本として十分に活かされていないということだったりします。ですからそういう資金がうまく産業に流れるようなシステム（銀行制度）が必要だということになります。かれがやろうとしていたのは、そういうことで、工業化のための社会の制度設計といった感じですね。

　たしかに労働者の解放とか、そういうものに直接コミットしてはいませんので、どうして「社会主義」なのという感じもします。ただ、産業を個々人の自由に任せるのではなくて、全体として「管理」する（支配ではなく）ことが必要と考えるかぎりで、のちの計画経済のようなところがありますから、「社会主義的」とは言えますし、その結果として各人がもつ能力に応じた利益を得る平等性を「産業社会の自然的基礎」とするという意味でも社会主義的と言えなくはない。エンゲルスが名づけたように、社会全体を設計する、理想の社会を設計するユートピア思想とも呼べるでしょう。

　もっとも、かれ自身は「社会主義」を名乗ったわけではありません。というか、「社会主義 socialisme（仏）/ socialism（英）」ということばは、かれの死後、1820 年代後半から 30 年代前半にかけてはじめて使われたことばなので、当然なのですが。アンファンタン Barthélemy-Prosper Enfantin（1796-1864）やバザール Saint-Amand Bazard（1791-1832）など、後継者たちは、サン＝シモン派として、個人の自由や利己主義に対立する全体、平等、計画などの要素を含む「社会主義」の主張を明確に展開していきました。

　サン＝シモンの助手であったオーギュスト・
コント Auguste Comte（1798-1857）は、「実証
哲学 philosophie positive」あるいは「実証主義
positivisme」を提唱します。それはたしかに、
今日でも使われる意味と同様に、観察と事実に
もとづいた思考を意味します。ただ、そこには
新しくあらわれてきた社会全体をその歴史的変
動も含めて「自然なもの」として見ること、そ
してそこに原理や法則のようなものを見いだし

Auguste Comte
（1798-1857）

ていくこと、さらにそうした社会の「自然な」発展を維持したり促進
することまでをも含んでいます。そしてそれは、産業の発展という
「自然な」発展をうまく促進できるような体制／システムが必要で、
それは社会を支配することではなく管理することだというサン＝シモ
ンの思想と重なります。positif（仏）/positive（英）という語には、積
極的・肯定的という意味があり、積極的で前向きに何かをつくり出す
という意味があります。たとえば、「positive law（実定法）」は、「自
然法 natural law」とは違い、人間がつくる（立法する）法のことです。
したがって、コントの「実証主義」には、否定したり破壊したりする
のではなく、むしろ何かを積極的・前向きにつくり出していくとい
う、いわば建設的な意味が含まれています。

　このことは、かれの「三段階の法則」の主張からもよくわかります。
コントによれば、人間の精神は神学的（中世キリスト教支配）段階を経
て、形而上学的（17-18 世紀の啓蒙主義の時代）段階に至りますが、そ
の頂点はフランス革命であって、それまでのあらゆる制度や文化を否
定し、破壊する時代です。そしてそのあとにくる実証的（フランス革
命以降の時代）段階では、否定と破壊ではなく、むしろ建設と再組織
の時代がくるというわけです。傲慢な理性信仰への反省、あるいは人

間性 human nature への疑い。まあ、この説自体がかなり神学的あるいは形而上学的な気がしますが。

　コントによれば、サン゠シモンの「産業主義」（社会主義）は世俗的権力を求める実践であり、コントの実証的科学は理論的にそれを支える精神的権力（かつての教会・宗教的権威を代替するもの）であると言います。そして「三段階の法則」に照らして、科学の分類をし、実証的段階の最先端の科学として「社会学 *sociologie*（仏）」を提唱します（1830年）。これが少なくともことばの上での「社会学」の誕生です。ただし、「社会学」以外はすべて自然科学で、政治経済学すら登場しないので、今で言えば、社会学というより社会科学くらいの意味と考えた方がよいでしょう。

　ともかく重要なことは、サン゠シモンとコントがともに実証的精神にもとづいた「社会」の再組織を目指し、社会主義と社会学はそのための実践と理論を担う両輪としてスタートしたということです。だれでも知っている通り、その後の両者の運命は、大きく隔たってしまったのですが。

参考文献────────────────────────────

アリストテレス『政治学』中公クラシックス（2009）

トマス・ホッブズ『リヴァイアサン 1-4』岩波文庫（1982：原著 1651）

アダム・スミス『道徳感情論』講談社学術文庫（2013：原著 1759）

────『国富論 1-4』岩波文庫（2000-2001：原著 1776）

ジャン゠ジャック・ルソー『人間不平等起源論』岩波文庫（1972：原著 1775）

────『社会契約論』白水 U ブックス（2010：原著 1775）

カール・ポラニー『大転換』東洋経済新報社（2009：原著 1944）

サン゠シモン『産業者の教理問答』岩波文庫（2001：原著 1823-24）

オーギュスト・コント「実証精神論」『コント　スペンサー』中央公論新社（1980：原著 1844）

市野川容孝『社会』岩波書店（2006）

植村邦彦『市民社会とは何か』平凡社新書（2010）

第2章

カール・マルクスを読む
──『資本論』第1巻

　この章で取り上げるのは、カール・マルクス Karl Heinrich Marx (1818-83)です。かれは、せまい意味での社会学をはるかに超える存在ですが、第1章で述べたように、18世紀にアダム・スミスが発見した（市場経済をコアにした、ブルジョアジー中心の）自律的な秩序としての「社会」が、19世紀になると爆発的に拡大し、暴走し、自壊していく様子を「資本主義 Kapitalismus（独）/ Capitalism（英）」という視点から、明らかにしました。もっともマルクスは『資本論』のなかで、「資本主義」ということばをほとんど使っていません。マルクスが問題にしたのは、資本 capital の運動、あるいは資本制 capitalistic 生産様式であり、それにもとづいた「社会」のあり方であったと言えるでしょう。もちろんマルクス自身は、まだ産声をあげたばかりで、確たる内容もない「社会学」という名を使ってはいません。ただ、コントが考えていたように、「社会学」とは、自壊していく「社会」のありようを明らかにし、それを再組織するための理論的努力であるとするなら、マルクスは紛れもなくそのような社会学的な仕事をきわめて壮大なスケールで成し遂げた人物と言ってよいでしょう。

　かつては「マルクス主義」という大きな政治的な運動に取り囲まれ、マルクス自身の声や姿がそのなかに閉じ込められていた時代もありましたが、今やさまざまなマルクス像が自由に描かれ、生き生きとしたマルクスが語られる時代になりました。

1 『資本論』の問題設定

　まずは、マルクス『資本論』の基本的な問題
設定から見ていきましょう。驚くなかれ、これ
は意外と簡単、というか単純です。まず、資
本 Kapital（独）/ capital（英）というのは、要は貨
幣＝お金 Geld（独）/ money（英）なのですが、
流通や生産に投資されるお金、つまり元手とい
う意味での capital のことで、みなさんが仮に
大金を持っていたとしても、ただそれだけでは
資本とは呼びません。ちなみに、capital はラテ

Karl Marx
（1818-1883）

ン語の caput（頭）から来ていて、cap、captain と語源が同じ、capital
city は首都、capital punishment は死刑です。

　で、資本制社会（資本制生産様式が行われている社会）とはどういう
社会かというと、マルクスはそれを資本がその変態を通して自己増殖
する社会であると規定します。変態というのも変な言い方ですが、貨
幣で商品を買い、そしてその商品を売って貨幣を得るというプロセス
を、マルクスは貨幣が商品に、そしてまた貨幣へと変態するという言
い方をします。ここがとても重要なところなのでくり返しますが、資
本制社会とは、商品の買いと売りのくり返しを通して、どういうわけ
か資本つまり貨幣＝お金が増えていく社会であるというのです。はた
してどうしてこんなことが可能なのか。マルクスは、資本の増殖分の
ことを「剰余価値 Mehrwert（独）/ surplus-value（英）」と呼びますが、
はたしてそれはいかにして可能なのか、を問います。

　さて、このように問われると、答えは簡単な気がしませんか。商
品の買いと売りで資本が増えるなんて当たり前のことのように思え

ます。もちろんいつもそれが成功するとは限りませんが（損をすることもありますが）、少なくとも商品の買いと売りが目指しているのは、その差額がプラスになることであって、しかもその可能性が十分にあるからこそ、それを試みることができるわけです。

　ところがマルクスによれば、こんな答えはまったく答えになっていません。なぜなら、ある商品をそれがもっている価値（これについてはすぐあとに説明します）よりも安く買いたたいて、そして今度はその商品がもっている価値よりも高く売りつけるというような商法、それが不等価な交換をしているという意味では詐欺的ですらある商法によって得られる利益は、けっして「剰余価値」ではありません。それは詐欺がけしからんからではありません。そうではなくて、その場合、だれかが得をして、それ以外のだれかが損をしているだけで、全体としての価値の総量にはまったく変化が起こらないからです。

　逆に言えば、マルクスの「剰余価値」というのは、価値の総量の増加を意味しているということがわかります。そんなことが、商品の買いと売りのくり返し、その裏側で起こる資本＝貨幣の変態という広い意味での交換の過程から生じるなど、ちょっと考えられませんね。本当にそんなマジックのようなことがありうるのでしょうか。マルクスの問題設定は、いたって簡単ですが、それに答えるのはとても困難なように見えます。さあ、いったいどんな説明が可能なのでしょうか。

2　労働が商品の価値を生む（労働価値説）

　『資本論』の副題は「経済学批判」です。つまりマルクスは、アダム・スミスに代表される、それまでの経済学を批判して、新しい経済学を樹立しようとします。では、マルクスはスミスから何を受け継ぎ、そして何を批判、刷新したのでしょう。簡単に言えば、受け継いだのは

「労働価値説 labour theory of value」、批判し刷新したのは「貨幣」についての基本的な考え方です。

　まずは受け継ぐ「労働価値説」から見ていきましょう。商品には使用価値と交換価値があるとされます。使用価値とは、ステーキなら食欲を満たすとか、羽毛布団なら暖かくしてくれるとか、そういう有用性や効用 utility のことです。これはそれぞれ質的に異なるので、単純に比較はできない。それに対して交換価値というのは、他の商品との交換比率のことですが、物々交換ではないので、それは（あとで見る）貨幣の量で表現されます。たとえば、ステーキは 2000 円、羽毛布団は 1 万円という交換価値をもつということです。

　商品を交換価値にしているのは、商品に内在する「価値」があるからだと、マルクスは考えます。商品には「価値」が内在していて、それはその商品を生産するために費やされた「労働」の量（端的には労働時間）が結晶化したものである、ということになります。あらゆる原材料から生産設備までを含めて、商品の「価値」は原理的に人間の労働に還元できると考えます。

　スミスの議論にあるのは、使用価値と交換価値だけで、マルクスの「価値」の概念はありませんが、基本的に言えば、マルクスはスミスの労働価値説を受け継ぎます。ちなみに、現代の経済学（19 世紀末のいわゆる「限界革命」以降の近代経済学）は「労働価値説」を受け容れていませんが、だからといって、スミスやマルクスの議論がすべて否定されるわけではないのは言うまでもありません。過去の多くの学説には多かれ少なかれ、現在から見れば受け容れられない要素が含まれますが、それにもかかわらず、学ばなければならない点はたくさんあります。

3　貨幣の神秘へ向けて

　マルクスがスミスを批判したのは、貨幣についての基本的な考え方についてです。ただし、それはスミスの考えというよりも、（ヨーロッパの）18世紀という時代が全体としてもっていた思考様式と言った方がよいと思います。だからこそ、マルクスの革新もまた大きいわけです。

　17世紀は重商主義の時代と言ってよいでしょう。貨幣としての金や銀は、それ自身がまさに富 wealth そのものでした。貿易（商業）を通して、国内に金や銀の量が増えること（いわば貿易黒字が大きくなること）こそが、国家が豊かになるということだと考えられていました。

　それに対して、18世紀は啓蒙の時代です。金や銀の光に目がくらむなどもってのほか。命がけの冒険で大儲けをねらう商業資本主義よりも、こつこつとものづくりに励む産業資本主義（産業革命）と、それを宗教的に支えるプロテスタントの時代です。そういう時代のあり方を背景に、スミスは、国家の豊かさとは貨幣である金銀の多さではなく「年々の生産物」の豊かさであると主張します。それはそうですよね。いくら金銀があっても、商品＝生産物がなければ豊かとは言えない。だから貨幣とは、それ自体に価値があるのではなく、たんに価値をあらわすもの、尺度にすぎない――市場交換の道具にすぎないと考えられるようになっていきます。デイヴィッド・ヒューム David Hume（1711-76）はそれを、貨幣は商品の「表象 representation」にすぎないと表現しています。

　表象とは、何かの「代理」「～の代わり」という意味で、つまり貨幣は商品の代理にすぎない（大事なのは商品そのものだから）ということですが、18世紀は、ことばや知がものや世界の「表象」であると考え

られた世紀です。たとえば、生物学の前身たる博物学 natural history
を想起しましょう。博物学は、生物の形態を類似にしたがって分類し
体系化します。簡単に言えば、自然の世界をそのまま写しとる、記述
history するような知の形式です。もう少し広い意味で言えば、18 世
紀フランスの啓蒙思想の象徴である（ディドロ Denis Diderot とダラン
ベール Jean Le Rond d'Alembert が編集した）『百科全書 L'Encyclopédie』
(1751-72) も、世界を網羅的に写しとる知を目指していたと言ってよ
いでしょう。貨幣もまた同様に、いわば世界を（経済的な）価値、交
換価値という観点から写しとる「ことば」のようなものにたとえられ
たわけです。

　たしかに、ことばや貨幣は、ものの意味や価値を代理する、代わり
になるというはたらきをもっています。だから、ことばによるコミュ
ニケーションや貨幣による市場交換がうまくいっているかぎりで、こ
とばや貨幣は、あたかもまったく存在していないかのように姿を消し
てしまいます。姿を消すって、どういうことでしょう。たとえば、み
なさんが友人と話をしているときのことを考えてください。たぶん、
話がうまく「通じて」いるときは、あなたはそれがことばのやりとり
であるということにまったく気づかないはずです。相手の話は、こと
ばという、いわば乗りものに乗ってあなたに届けられているのです
が、その乗りものは見えない、気づかないはずです。あたかも相手の
話の意味が直接にあなたの頭ないし心に届いているように感じるはず
です。というか、そもそもコミュニケーションのなかで（たんなる乗
りものでしかない）ことばを感じるとすれば、それはもうコミュニケー
ションが円滑に進んでいない、相手の言っていることがよくわからな
いということを示しています。相手のことばが意味としてではなく、
つまりよく意味のわからないことばそのもの、まさにひとつの音でし
かないものとして聞こえるということです。授業で難しい話を聞いて

いると、まるで何かの呪文のように聞こえてくるでしょ。教科書の難しい文章を読んでいると、それがたんなる文字の羅列に見えて、この字は何でこんな形をしているの、なんて思ったりする、あれです。あれが、意味のたんなる乗りものでしかないもの、ことばそれ自体がその姿をあらわしているところなんですね。もちろんそれが姿をあらわすときには、まさにわけのわからないものとしてあらわれる。逆に普段、コミュニケーションがうまくいっているときには、わけがわかりすぎていて、姿を見せない、消えてしまいます。まったくつかみどころがありません。

　貨幣についてみると、どうでしょう。貨幣はたしかに紙であったり、銅やニッケルや亜鉛などの金属であったりして、それを見て触ってやりとりしているから、それが見えなくなるとか、そんなことはいっさいないでしょ、と思うかもしれません。でも、よく考えてみましょう。私たちがそこに見ているのは、はたして何でしょう。そこに紙、あるいは銅やニッケルや亜鉛などの金属を見ていますか。たしかに見ていると言えないことはないけれど（それはことばを聞いていると言えないことはないのと同じで）、精確に言えば、私たちはそこに、円という通貨で表現された経済的な交換価値（それは100円だったり1000円だったりしますが）を見ているのであって、けっして紙や銅などの金属そのものを見ているのではありません。本当の意味で、私たちがそこに紙や金属を見るのは、究極的には、たぶんとてつもないインフレになって、それがたんなる「紙切れ」だとわかるときでしょう。もう少し日常的に言えば、何かの都合で電子決済ができなくなったときに、手触りのある物質としての貨幣の必要性を痛感するなどといったときかもしれません。そういえば、紙だったんだということにあらためて気づく感じ。いずれにしても貨幣がその存在をあらわすのは、貨幣による市場交換に何か問題が生じたときなのだという意味では、

ことばがあらわれるのとまったく一緒ですね。

　話がだいぶ横道に逸れましたが、要するに、ことばや貨幣は意味や交換価値の表象であって、少なくともコミュニケーションや市場交換がうまくいっているときには、それは隠れて目に見えない。だからことばや貨幣は、コミュニケーションや市場交換を可能にする透明な媒体、便利な道具にすぎない、それによって私たちは直接に意味や交換価値をやりとりできると考えられたわけです。ことばや貨幣の、このような「透明性」への信仰はまさに現代にまでつづくものです。

　マルクスが批判するのは、そのように貨幣がたんなる表象であり道具にすぎないという、18世紀的な思考そのものです。なぜマルクスはそんなことにこだわるのでしょうか。このことはそんなに大事なことなのでしょうか。マルクスには、貨幣はたんなる表象であり道具であると言ってしまえるほど単純で、私たちに奉仕する、役立ってくれるだけの従順な存在ではないのではないか、もっと手強い、むしろ私たちひとりひとりや社会のあり方を支配し、左右するような手強い相手なのではないかという直感があるのです。なぜなら、今かれの目の前に広がっている世界、そこで貧しい労働者たちが長時間の過酷な労働にあえいでいる社会は、まさにたんなる道具にしか見えない貨幣が資本になり、その資本の運動が社会全体を支配するという資本制社会のあり方そのもののように見えるからです。貨幣は人間に奉仕するたんなる脇役ではなくて、むしろ人間を支配し、社会を自壊させていく主役（主犯）なのではないか、そう考えるからです。すごい発想だと思いませんか。

　マルクスは、貨幣がどのようにして成立するのかという論理について考えます（有名な「価値形態論」）。商品のなかから、ある商品がどのようにして貨幣になるかという議論、つまり貨幣の出世物語です。この議論は、『資本論』第1巻のはじめの方に出てくる議論で、ある商

品がどのようにして数ある商品（大衆）のなかから抜け出して（出世して）、貨幣という王座につくか、といういわば貨幣の出世物語として読まれ、それで何か貨幣の秘密がわかったような気になることも多いのですが、それはまったくいただけません。マルクスがここで言いたいのは、いかにして貨幣が完全なものになるかではなくて、むしろ貨幣はもともと商品であったという過去、いわば痕跡を消し去ることはけっしてできないということ、貨幣は貨幣であるとともに商品でもあるということ、そういう矛盾を抱えた存在なのだということだと思います。

　すでに述べたように、もし貨幣が本当に完全なもの、純粋な表象、「透明な」媒体、つまり王様ですね、であるとするなら、どれだけ市場交換がくり返されたとしても、貨幣＝資本には何の変化もないはずです。それでは資本制社会における資本の運動、自己増殖はまったく説明できなくなってしまうではないか、ということです。貨幣がじつは完全な王ではないということ、大衆のひとりであったという消えない痕跡をもっていること、さらに言えば、王は大衆でもあるという二重性を矛盾として抱え込んでいること、そこにあの貨幣の、というか資本の増殖の秘密があるのではないかということなんです。この二重性（貨幣の二重性）は、すぐあとで、価値をつくりだす労働力の二重性というかたちで、資本の運動のまさに中心に立ちあらわれてきます。

4　資本の自己増殖はいかにして可能か？

　ではいったい、資本の自己増殖はいかにして可能なのでしょうか。この問いがいかに困難な問いであるかは、すでに想像がつくでしょう。等価な交換がどれだけくり返されても剰余価値は生じない。だからといって不等価な交換（安く買いたたいて、高く売りつける）はだれ

かが得をしても、かならず別のだれかが損をしているはずですから、全体としての価値の総量は変わらない。やはり剰余価値は生じません。完全な手詰まりです。

　マルクスは言い放ちます——さあ「ここがロードス島だ、ここで跳べ！」イソップ寓話で、ロードス島ですごい跳躍をしたと自慢する男に対して、ではここがロードス島だと思って、ここで跳んでみろ、と言ったという話です。ここで跳ばなきゃ意味ないよ、ここでね、という感じですね。

　そしてマルクスは、まさにここでみごとに跳んでみせます。資本制社会では、労働者は奴隷のような存在ではなく自由だが、同時に生産手段（生産設備や原材料など）を所有せず、そこから切り離されているという意味でも自由なのです。だから労働者は、自らの「労働力」Arbeitskraft（独）/ labor-power（英）を商品として売ることしかできない。ちなみに「労働力」とは、労働する能力のことを指していて、個々のというか、具体的な「労働」（たとえば、A地点からB地点まで荷物を運ぶという具体的な作業）とは異なります。そして労働者が資本家に賃金と引き換えに売り渡しているのは、個々の具体的な「労働」ではなくて、能力としての「労働力」だとされます。つまりその能力としての「労働力」がどこまで具体的な「労働」として引きだされ、利用されるかは、はじめから決まっているわけではないとされます。

　労働力が商品になるという、まさにこのことがポイントだとマルクスは言います。労働力は商品ですから、その価値は、基本的にその交換価値に反映し、だから簡単に言えば、労働市場での賃金というかたちであらわれているはずです。他方で、賃金で買い取られた労働力は、生産過程で生産物に価値を与え、それは生産物（商品）に結晶化します。少し難しいかもしれませんが、ここでは、同じ労働力が異なる二つの（価値）システムに属していることがポイントです。そして

それそれの（価値）システムでの労働力の価値は同じではない、そこに差額が生じる可能性があります。

　この差額こそが剰余価値です。資本家は労働力を価値通りで買います。そしてその労働力を利用して商品を生産し、その生産物を価値通りで売ります。不等価な交換はしていない。あくまで等価交換、価値通りの交換です。それでもそこから剰余価値が生じるというわけです。

　ポイントは、同じものが、異なる価値システムのなかで異なる価値をもつ（一方で安く、他方で高い）、だから（等価交換として）安く買って、（等価交換として）高く売ることができるというところにあります。

　ですからマルクスの議論をさらに拡張していけば、以下のように考えることもできます（マルクス自身がそう言っているわけではありません）。重商主義の時代に商業資本がやっていた遠隔地交易、これも原理は同じなのではないかと。たとえば、インドの市場で価値通りに「安く」買った香辛料をヨーロッパの市場に持ち込めば、価値通りに

図1　異なる価値システムの間から生じる剰余価値

「高く」売れる。不等価交換ではなく等価交換によって、差額、利益が出ます。

　あるいはのちにシュンペーター Joseph A. Schumpeter（1883-1950）が明らかにしたように、イノベーション（技術革新）による利益（剰余価値）の創出は、未来の価値システムの先取り、現在の価値システムと未来の価値システムの間から生みだされていると考えることができます。そこには共通のメカニズムがはたらいていることがわかるでしょう。

5　階級対立としての「社会」の分断

　商業資本が実際の遠隔地との交易から剰余価値を得ていたとするなら、産業資本は資本制社会の内部に「内なる遠隔地」という外部——それは「二重の意味で自由」な労働者階級にほかなりません——を見いだし、この遠隔地との交易から剰余価値を得ていると言ってもよいかもしれません。

　だとすると、資本の運動、剰余価値の生成による自己増殖は、生産手段を所有することで生産過程を支配する資本家と、労働力を売ることしかできない労働者の間の階級的な分断・分離を前提にしてしか成り立たないということがわかります。そうでなければ、社会の内部に外部をつくることはできないからです。

　この分断が、資本の運動、資本の自己増殖の前提条件なのです。ですから、資本家と労働者の階級的な分断と対立は、たんなる貧富の格差ではありません。それは、資本制社会の基本原理がもたらす必然的な結果なのだということ、マルクスが明らかにしたのは、まさにこのことです。

　もっとも実際の歴史は、マルクスの予想を何重にも裏切っていきま

す。階級への分断や対立ということに関して言えば、その後、資本家と労働者の階級対立のいわば緩衝材のようなものとして「中間階級(中間層)」＝ミドル・クラスと呼ばれる層が拡大したということが大きいでしょう。逆に言えば、今日では、このようなミドル・クラスがやせ細っていることが、社会の分断や対立の激化の大きな背景となっていることに注意しなければなりません。

カール・マルクス (Karl Heinrich Marx) の生涯

1818.5.5	トリーア (プロイセン) に生まれる
1835 (17)	ボン大学、翌年にベルリン大学
1841 (23)	イェーナ Jena 大学で博士号 (哲学)
1842-44	『ライン新聞』(プロイセン政府の弾圧)、『独仏年誌』(パリ)
(24-26)	『ユダヤ人問題によせて』(1843)『経済学・哲学草稿』(1844)
1845 (27)	フランスから国外追放 (プロイセン政府の圧力) によりベルギーのブリュッセルへ
	『ドイツ・イデオロギー』(エンゲルスと共著)
1847 (29)	『哲学の貧困』
1848 (30)	『共産党宣言』
1849 (31)	プロイセンから国外追放 (フランスを経て) ロンドンへ
1852 (34)	ルイ・ナポレオン独裁体制、皇帝即位 (ナポレオン 3 世)
	『ルイ・ボナパルトのブリュメール 18 日』
1859 (41)	『経済学批判』
1867 (49)	『資本論』第 1 巻 (第 2 巻 1885、第 3 巻 1894 はエンゲルス編)
1883.3.14	64 歳で没

参考文献

カール・マルクス『資本論』(国民文庫) 大月書店 (1972：原著 1867) [1~3 が原著の第 1 巻に対応]

柄谷行人『マルクスその可能性の中心』講談社文庫 (1985)

岩井克人『ヴェニスの商人の資本論』ちくま学芸文庫 (1992)

────『貨幣論』筑摩書房 (1993)

第 3 章

エミール・デュルケームを読む(1)
──『社会分業論』

　この章では、エミール・デュルケーム Émile Durkheim（1858-1917）を取り上げます。「社会学」という名前と容れものをつくったのは、たしかにオーギュスト・コントですが、そこに内容を満たし、魂を入れたのは、やはりデュルケームであったと言うべきでしょう。それほど、かれの議論には、社会学のエッセンスがあふれています。まずは、かれの最初の著書で、学位論文でもある『社会分業論 De la division du travail social』（1893 年）から見ていきましょう。

　はじめに、第 2 章のマルクスの議論との関連で、『社会分業論』の第二版（1902 年）の「序文」として書かれた「職業的集団についての若干の考察」に触れておきましょう。マルクスが明らかにしたのは、19世紀の社会の解体（階級への分断と対立）が、資本制社会の原理である資本の運動によって生じているということでした。なぜなら、剰余価値を生みだし自己増殖をくり返すという資本の運動は、社会の内部に「内なる遠隔地」としての労働者階級という「外部」をつくり出さないかぎり、立ち行かないからでしたね。

　それに対してデュルケームは、この序文で、階級への分断と対立が解決を要する重大な問題であることは認めながら、それをマルクスとは異なる文脈、社会学的と呼びうる文脈に位置づけようとします。つまり、社会解体の問題をフランス革命以来の国家と個人への両極分解と、両者を架橋し媒介する空間であるはずの社会の空洞化、具体的に

言えば、そこを埋めるはずの中間集団（コルポ
ラシオン）の解体という視点から見ていこうと
します。

Émile Durkheim
(1858-1917)

　フランス革命のバックボーンとなった、ル
ソーの近代的な国家の構想は、不思議なこと
に、国家と個人だけを含み、したがって国家の
なかにいかなる部分的社会・結社もなく、さら
に市民は互いにいかなるコミュニケーションも
とらないというものでした —— それらは個々
人の「本来の」意志を歪めてしまう可能性があるからとされます。そ
の延長線上で、あらゆる種類のコルポラシオン（同業組合など）を禁止
した「ル・シャプリエ法 Loi de Le Chapelier」（1791 年）以来の文脈の
なかで、デュルケームは、問題をばらばらなままにされている諸個人
をどのようにして中間集団へと組織化するかというところに見ていま
す。19 世紀の社会の解体と混乱は、デュルケームから見れば、経済
的機能領域を中心とした（道徳的）無規制状態 anomie の問題であり、
そこに秩序をもたらすためには、職業に応じて組織された職業的集団
＝同業組合（の再建）が必要であるとされます。

　資本家と労働者の分断と対立に対して、その両者を含んだ同業組合
を再建すべしという議論は、やや奇妙にも聞こえますが、サン＝シモ
ンが提起した「産業主義」が資本家と労働者の双方を含んだ「産業者」
を社会の主体と考えていたことを想起するなら、それほど唐突なこと
ではないのかもしれません。いずれにしても、マルクスがとらえた
19 世紀の現実を共有しながらも、まったく異なる枠組み、まさしく
社会学的な枠組み（国家と個人への両極分解と、両者を架橋し媒介する空
間であるはずの社会の空洞化、中間集団の意義と再建の必要性など）から
とらえようとしたのがデュルケームであったと言えるでしょう。

1　社会的連帯 solidarité sociale の問題

　デュルケームの関心は、終始一貫して「社会的連帯 solidarité sociale」の問題にあったと言ってよいと思います。ただ、日本語の「連帯」はひとりひとりがつながるというイメージを喚起しますが、solidarité（仏）/ solidarity（英）は結束や団結、つまりは全体が緊密でひとつにまとまっていることでもあります。したがってかれの関心は、社会が全体としてひとつのまとまりであるというのはどういうことなのか、もう少し言えば、すでに述べた社会の解体や混乱という時代のなかにあって、それでも社会がひとつでありうるのかどうかという問題を、理論的そして実践的に問いつづけたと言ってよいと思います。

　一方で社会がひとつの全体としてあること、他方で（良い意味でも悪い意味でも）社会が解体しばらばらになること、デュルケームがこの二極のいわば蝶番に位置すると見込んだのが「分業」（労働や職業の分割、細分化、専門 / 機能分化）というかれの最初のテーマだったのだと思います。なぜなら、分業とは、文字通り分割であり細分化であって、あらかじめ全体が含意されているというか、前提とされているはずだからです。社会は単純にばらばらになっているのではなく、どこかで全体の統一性とつながっているのではないか、それは分業という現象をよく見ていけばわかるのではないかという見通しをデュルケームはもっていたのだと思います。分業という現象をそのような蝶番として見ていこうとしているのです。

　だから、デュルケームは分業をこれまでとは違った視点から見ようとしました。アダム・スミス以来、分業（と協業）の意義は、効率を高め、生産力を増大させること、結果として国家の富を増大させることにあると考えられてきました。それに対してデュルケームは、分業

36

という現象の最も重要な意義が、社会的な連帯を高める効果、社会的連帯の源泉という（経済的というよりも）道徳的な意義にあると考えます。簡単に言えば、分業というのはある種の役割分担ですから、ひとりですべての作業を行うのではなく、複数のひとたちがそれぞれに異なる作業をしながら、全体として何かを達成するわけです。まさにスミスの言う「分業と協業」ですが、それは工場のなかだけではなく、あらゆるところで見られます。そのとき、役割や作業を分担するひとびとの間にはどのような関係があるのでしょうか。それは相互依存性ですね。お互いになくてはならない、必要である、いなくては困るという相互依存 mutual dependence の関係です。そういう関係が一度できあがると、そこには強い連帯、団結、結束が生じるというわけです。

　その意味で、スミスもたんに経済的なことだけを考えていたわけではありません。分業を可能にしている条件として市場交換があり、さらにはひとびとの「道徳感情」があるということは十分にわかっていた。その意味でスミスとデュルケームの基本的な考えは、意外にそれほど違わないのではないかとすら思えます。ただ、デュルケームの場合は、18 世紀のスミスと違って、分業の前提条件として、社会の道徳的秩序を単純に前提できない。むしろ逆に道徳的秩序を分業によって説明するという、転倒したかたちを取らざるをえなくなっていきます。というか、最初からそれができるのではないかという見込みで議論を進めているところがある。分業を蝶番と考えるというのはそういうことですね。ただ、そうすると、本来は前提条件であるはずの道徳的秩序を、それによって可能になるはずの分業によって説明するという、ちょっとおかしな話になっていってしまう。実際、そういう皮肉な結末がデュルケームを待っています。最初の著作ということで、さすがのデュルケームも当時はまだ少し若かったということなのかもし

れません。

　いずれにしても、デュルケームは社会の秩序や連帯（結束）につね
に強い関心を示しつづけます。社会という全体は、ある種のあらがい
がたい道徳的な権威、力をもって、個人に相対し、個人に優先するも
のであるというのがかれの基本的スタンスであり、それはサン＝シモ
ン、そしてコントに由来する、社会学の王道とも言うべき見方だと思
います。しかしながら、どうもこのようなまとめ方は、デュルケーム
がもっている最も大きな魅力というか、個性というか、そういうもの
をほとんど覆い隠してしまっているように思えてなりません。たしか
にデュルケームは、社会の秩序や連帯（結束）、そしてあらがいがたい
道徳的権威と力の源としての社会について語るのですが、それと同時
に——だからこそなのか、それにもかかわらずなのか——、社会の
秩序や連帯を脅かすもの、犯罪をはじめとする「逸脱行動」にも強く
惹きつけられていくように見えます。しかもそれはたんに解消されな
ければならない問題としてばかりでなく、むしろそこに強い共感と思
い入れがあるのではないかとさえ思われてなりません。くわしくは第
4章で説明しますが、デュルケームはしだいに、逸脱行動が社会に反
するもの、社会の外側にあるものではなく、むしろ反対に、社会の内
側にこそあるという見解をとるようになっていきます。このあたりの
深みというか、両義的なところが、デュルケームの仕事に不思議で強
い魅力を与えているのではないかと思います。

2　機械的連帯 —— 集合意識と犯罪

　デュルケームは、社会的連帯のあり方に二つの類型を提示します。
それは、「機械的連帯 solidarité mécanique」と「有機的連帯 solidarité
organique」と呼ばれます。中身については、のちほどくわしく説明

しますので、とりあえず名前だけ覚えてください。かれの議論はだい
ぶ回り道をくり返します。まず、社会的連帯のあり方（機械的連帯か
それとも有機的連帯か）は、特定の種類の法に反映している、逆に言え
ば、特定の種類の法が、社会的連帯のあり方（機械的連帯かそれとも有
機的連帯か）を象徴しているとされます。機械的連帯に対応している
法の種類は抑止的法 droit répressif、つまり刑法です。そして有機的
連帯に対応している法の種類は復原的法 droit restituif、つまり民法
や商法などとされます。

　では、抑止的法つまり刑法に反映しているとされる機械的連帯と
は、どんな連帯なのでしょうか。またしても回り道。この機械的連帯
を脅かす行動は、すなわち刑法に違反し、「刑罰」を科される行動、
したがって「犯罪」ということになりますね。ということは、機械的
連帯とは、その連帯を脅かし、破壊するような行動が「犯罪」とされ、
「刑罰」を科されるような、そういう連帯だということです。

　まだまだ回り道。では、機械的連帯を脅かす行動である「犯罪」と
はいったい何なのでしょうか。すべての犯罪に共通する性質、犯罪の
犯罪たるゆえん、犯罪をまさに犯罪にしている「犯罪性」とでも呼べ
る何かの刻印のようなもの、それはいったい何なのでしょうか。デュ
ルケームによれば、少なくともそれは、犯罪とされる行為そのもの、
その内部にはありません。奇妙な話ですね。犯罪とされる行為そのも
の、その内部をどう調べても、その行為をまさに犯罪にしているよう
な性質を見つけだすことはできないというのです。たとえば、日本で
はかつて姦通（配偶者以外の異性と性的関係をもつこと）は犯罪でした
が、現在はそうではありません。大麻の所持は日本では犯罪ですが、
カナダやアメリカの一部では一定の範囲で合法化され、オランダでは
合法化ではありませんが、非犯罪化されています。時代や場所が違え
ば、刑法も違う可能性があるので、同じ行為が、犯罪として処罰され

ることもあれば、そうならないこともあります。だから、行為そのもの、その内部には、その行為を犯罪にしている性質を見つけることはできません。ではいったい、ある行為を犯罪として刑法で定め、一定の刑罰を科していることの根拠はどこにあるのでしょうか。ある行為が犯罪であることの理由が内在的なものでないとするなら、それはいったいどこから来ているのでしょうか。

それはその行為を社会のメンバーが（犯罪として）排斥するという、行為の外部の条件に全面的に依存するのだというのが、デュルケームの主張です。さらに、なぜ社会のメンバーがその行為を排斥するかといえば、その行為が「その社会のすべての健全な意識に見いだされる感情」を傷つけ、侵害するものだからであるとされます。デュルケームは、そのような社会のメンバーに共有された信念や感情の全体のことを「集合意識 la conscience collective」と呼びます。ですから、犯罪とは、この集合意識と衝突する、集合意識に反する行為のこと。ある行為が犯罪であるかないかを最終的に決めているのは、集合意識であるということになります。

ただし、デュルケームのこの主張をあまりに短絡的に理解してはいけません。集合意識はあくまで法（刑法）を通してはたらくのであり、犯罪であるかどうかを決めているのは法であって（罪刑法定主義）、直接に集合意識が犯罪を構成するわけではありません。たとえば、ひとびとの集合的な感情が沸騰して、ある行動をあたかも犯罪であるかのように非難し攻撃するというようなことは、現実に起こりうることですが、少なくともデュルケームが（集合意識と犯罪の関係として）ここで主張しているのは、そういうことではありません。むしろ交通事故をきっかけとして、法改正の運動が大きくなり「危険運転致死傷罪」が新設された事例などを想起するべきでしょう。

さあ、やっとぐるぐる回って、もとに戻ってきました。その割に、

少々単純な話のような気もしますが、機械的連帯とは、「集合意識」すなわち「その社会のすべての健全な意識に見いだされる感情」にもとづいた連帯です。もう少し精確に言いましょう。機械的連帯とは、集合意識にもとづいた連帯、つまりひとびとが一定の信念や感情を共有している（という意味で相互に類似している）ことによって成り立っている連帯であるということになります。そこでは、ひとびとは同じような信念や感情にもとづいて、同じような判断や行動を行うでしょう。同質なひとびとが求められ、同質な行動が要求される、というか要求されなくても自然に同質なひとびとの集まりということです。

　機械的連帯にもとづいた社会では、ひとびとは集合意識を共有していて、しかも集合意識はいわば（機械的連帯の）社会そのものですから、個人は社会（＝全体）の一部であり、個人と社会は究極的には一体であるということになります。ですから連帯といっても、ひとりひとりが相互につながっている、関係している、協力しているというイメージではありません。そもそも一体なので、相互の関係の問題ではないのです。だから機械的連帯の場合は、どうも（少なくとも日本語の）連帯という語がしっくりきません。似た者どうしであるかどうかが問題なのであって、互いに深い関係やつきあいがあるかどうかの問題ではまったくないからです。

3　有機的連帯と分業

　さて、もうひとつの連帯の種類は、「有機的連帯 solidarité organique」と呼ばれます。この連帯に対応している法の種類は、復原的法（民法や商法など）とされます。それらの法に対する違反は「不法行為」（他人の権利や利益の侵害）や「債務不履行」などで、損害賠償の責任が生じることになります。刑法に対する違反は「犯罪」であり、それには

「刑罰」が科されるのとは大きく異なります。

　刑法は、一定の行動を抑止（禁止）することによって、ひとびと（の行動）を直接にコントロールしますが、では復原的法が規制し、守ろうとしているのは何なのでしょうか。それは、ひとびとのあり方や行動そのものではなく、ひとびと（の行動）の関係性であると考えることができます。不法行為による権利侵害、債務不履行などによって、ひとびとの（契約的）関係性が壊されないようにしていると言ってよいでしょう。それはひとびとの行動そのものを直接的にコントロールするのではなく、むしろ関係性のレベルで秩序を維持することによって（契約的関係を守らせることによって）、かえって自由で多様な契約的関係の可能性そのものを広げていこうとするものだと言えます。ひとびとの行動のレベルでは自由と多様性／異質性が増大します。それによって、異なる者どうしが、その異質性を生かしながら、相互依存的な関係、つまり分業的な関係をつくることが可能になります。

　というわけで、有機的連帯というのは、同質的な者どうしの連帯（機械的連帯）というか一体化ではなく、まさに分業的な関係にもとづいて、異質な者どうしが相互依存性を通して間接的に全体と結びつくような連帯であるということができます。「間接的」という言い方は少しわかりにくいかもしれません。ひとびとは、あくまで相互の関係を通して社会と結びつくのであって、機械的連帯のように、互いの関係を飛び越えて、直接に一体化してしまうわけではないということです。

　デュルケームは、もともと機械的連帯と有機的連帯を歴史的な変化をあらわす類型として考えています。つまり歴史とともに、機械的連帯を中心とした社会から、しだいに有機的連帯を中心とした社会へと変容するということです。個々人に直接的に作用し、ひとびとを同質化しようとする機械的連帯の社会から、個々人に自由意志（異質性／

多様性）を認め、ただ契約的関係を守らせるという間接的な力を及ぼす有機的連帯の社会へと変容するというのです。それによって、社会的な秩序と自由で多様な個人という、いっけん相反する要請が満たされる可能性が生まれてくるというわけです。

　ここで注意したいのは、デュルケームの主張は、自由意志にもとづく契約によって、関係や社会をつくることができると主張するひとたち（ハーバート・スペンサー Herbert Spencer（1820-1903）のような個人主義的社会理論家）に対する批判でもあるということです。たしかに契約関係は、ひとびとの自由な意志にもとづく行動の可能性を広げるものの、だからといってどんな行動でも自由に契約可能であるかと言えば、けっしてそうではありません。たとえ契約当事者のまったく自由な意志にもとづいていたとしても、たとえば、奴隷契約はいっさいの有効性をもちません。それは社会が認めないからです。有機的連帯の社会は、個人の自由を保障するけれども、あるいは保障するからこそ、個人の尊厳を否定するような契約は、たとえ本人がそれに同意していようとも認められない。復原的法に反映している有機的連帯という社会の力こそが、ひとびとの契約的な関係性を支えている。だから社会の力は、契約の内容、つまりひとびとの行動そのもののレベルにまったく及ばないというわけではないということです。

　まったくみごとな批判です。個人主義的社会理論はけっして自足的ではない。個人の意志のみから社会を説明することはできません。ただし、どうもこの批判は、ブーメランのように回り回ってデュルケーム自身に向かってくるというか、機械的連帯から有機的連帯へという、かれの議論とどうも齟齬を来してしまいます。この章の冒頭で示唆した、皮肉な結末がしだいに姿をあらわしてきます。その引き金となったのは、以下のような問題でした。つまり、まさにデュルケームが個人主義的社会理論を批判したように、個人の自由な意志にもとづ

いた契約には、それを超える部分があって、それこそが契約を可能にしているのですが、いったいそのような有機的連帯の社会の力は、どこからくるのかをうまく説明できないのではないかという問題です。

4 デュルケームのジレンマ —— 有機的連帯を支えるものは何か

　集合意識は機械的連帯に強く結びつけられているので、それを頼りにすることはできません。集合意識は、そもそもひとびとやひとびとの行動を同質化していきますから、有機的連帯の社会にはなじみません。そのような力が弱くなっていかないかぎり、分業にもとづいた有機的連帯の社会はできない。機械的連帯の社会を支えていた集合意識は、有機的連帯の社会では少なくとも弱体化していくのですから、まったく当てにならないわけではないにしても、あまり当てにはならない。ひとびとがどんどん自由になっていけば、どんどん集合意識は弱くなっていきます。さあ、困りました。最後は分業がそのような秩序というか規則をつくりだすと言い出したりします。しかしスミスも指摘したように、分業は交換や市場という制度を前提としているのであり、分業がその前提をつくりだすというのは少し無理がありますね。あたかも利害のみにもとづいて契約が可能であるとするスペンサーの議論、それは言いかえれば、利害にもとづいた契約が、契約を可能にする前提をつくりだすことができると主張しているのに等しいわけであって、それを徹底的に批判したのはデュルケーム自身だったわけです。だからそれは、いわば自分で自分を攻撃してしまっています。

　このような結末は、悪戦苦闘の末、こうなってしまったとも言えますが、冒頭でみたように最初からそう運命づけられていたとも言えます。はじめからデュルケームは、分業が蝶番になると見込んでいたふ

しがあるからです。いずれにしてもはじめから大きなジレンマを抱え込んでしまったデュルケームですが、のちにタルコット・パーソンズやユルゲン・ハーバーマスがそれぞれの仕方で論じていくように、このジレンマこそが、デュルケームの大きな跳躍台になっていきます。第4章の『自殺論』についての議論は、この問題が大きな伏線になります。

エミール・デュルケーム（Émile Durkheim）の生涯

1858.4.15	エピナル（フランス）で生まれる
1879（21）	エコール・ノルマル入学
1885-87（27-29）	ドイツ留学
1887（29）	ボルドー大学教授（社会科学と教育学）
1893（35）	『社会分業論』（学位論文）出版
1895（37）	『社会学的方法の規準』出版
1897（39）	『自殺論』出版
1898（40）	『社会学年報』創刊
1906（48）	パリ大学（ソルボンヌ）教授（教育学、のちに教育学と社会学）
1912（54）	『宗教生活の原初形態』出版
1917.11.15	59歳で没

参考文献

エミール・デュルケム『社会分業論』（井伊玄太郎訳）講談社学術文庫（1989：原著1893）

エミール・デュルケーム『社会分業論』（田原音和訳）ちくま学芸文庫（2017）

田中耕一『〈社会的なもの〉の運命』関西学院大学出版会（2014）［第1章、第6章］

第4章

エミール・デュルケームを読む(2)
——『自殺論』

　この章では、デュルケームについてのつづきとして、『自殺論』(1897年)を取り上げます。ポイントは二つあります。第一のポイントは、第3章の最後に説明した「デュルケームのジレンマ」が、いったいその後どうなったのかということです。有機的連帯を支えるものが分業であるとは考えられないので、いったい何が有機的連帯を支えるのかという問題です。

　第二のポイントは、たぶんデュルケームの社会学を理解しようとするときに、最も肝要だと思われる点にかかわっています。それは、「犯罪をはじめとする逸脱行動が、(『社会分業論』で主張されていたように)社会とは相容れずに対立する、非社会的な行動ではなく、むしろ社会的で普通の行動の一部である」という見方です。もう少しわかりやすく言えば、一方で社会が全体としてひとつのまとまりをもっていながら、他方ではそこに多様で個性的なひとびとを含みこんでいるということ(これは『社会分業論』を貫く通底音のようなものですね)、そればかりでなく、ときには社会とは相容れない、それに反するような行動すらもまた、社会全体の一部であるのだということです。いわば社会は、自らに反するものまでも含めて、ひとつの社会であるという矛盾を抱え込んでいると言ってもよいでしょう。第3章でも述べましたが、このあたりの奥行きの深さというか、両義性というか、複雑性のようなものが、デュルケームの議論をとても魅力的なものにしてい

るのではないかと思います。

1　なぜ自殺なのか？ ── 社会学の研究対象としての「社会的事実」

　さて、デュルケームはなぜ「自殺」を取り上げるのでしょうか。かれ
はまず、「社会的事実 faits sociaux（仏）/ social facts（英）」という議論
から入ります。この概念は、1895 年、つまり『自殺論』の 2 年前に書
かれた『社会学的方法の規準』という理論的著作で、本格的に論じら
れた概念です。しかもそれは、社会学が研究すべき独特の対象のこと
を指しているので、とても重要です。

　「社会的事実」は、「行為、思考および感覚の仕方（様式）として、
個人に対して外在し、拘束力（強制力）をもつもの」と定義されていま
す。ことばは難しいですが、言っていることは単純です。つまり社会
には、行為の仕方、考え方、感じ方について、こうすべき（こう考え
るべき、こう感じるべき）、こうするのが（こう考えるのが、こう感じる
のが）望ましいとか、普通だとか、などの規則（性）とかパターンのよ
うなものが存在していて、個人（の行為、考え、感覚）はそれに強く拘
束されているということです。もちろんそれは、はっきりと意識して
いることもあれば、知らず知らずにということもあるわけですが。

　具体的には、法や道徳のように、かなり明確に、かつ強く個人の行
為を拘束するものもあるし、もう少しあいまいで拘束力も弱い慣習の
ようなものもあります。また個人が知らず知らずのうちに拘束される
文化や伝統のようなものもあるでしょう。知らず知らずという意味で
は、それに加えて、デュルケームが「社会的潮流 courants sociaux」
と呼ぶ、集合的に生じる感情の波や、あるいは統計データにあらわれ
るような集合的な傾向性といったものまで含まれます。たしかに私た
ちは、個人を超えているという意味で、社会的と呼びうる、さまざま

な仕方、様式、規則性、パターンのようなものに強く影響されながら生きていることは間違いありませんね。

　さらにデュルケームは、そのような「社会的事実」を「もののように comme des choses（仏）/as things（英）考察する（ものとみなす）」べしという大原則を掲げます。「もののように」と言われると、ちょっと違和感や抵抗感を感じるかもしれません。たしかに、問題なのは行為や思考や感覚の「仕方」（様式）なのですから、本来は個人の具体的な行為や思考や感覚と切り離すことはできないはずだということが、今日からみれば、とても重要なのですが、デュルケームはそこをあっさりと切り捨ててしまいます。たしかにその「仕方」（様式）それ自体とでも呼べるような（存在の）水準があるようにも思えるのはたしかです。そこには、法、道徳、慣習、文化、伝統、社会的潮流、集合的傾向性などが、個人の外側に、個人を拘束するものとして「もののように」客観的に観察可能なかたちで存在しているように見えます。簡単に言えば、個々のできごと（の生起）という水準ではなくて、たくさんのできごと（の生起）が集積したときにあらわれる規則性の水準です。で、このような規則性の水準こそが、社会学が研究すべき独特の対象が存在する水準なのだとデュルケームは主張します。

　デュルケームが「自殺」を取り上げた大きな理由は、「自殺」が統計データにあらわれる社会的事実の強力な事例にほかならないと考えたからだと思います。それぞれの社会（デュルケームはひとびとの集まりという広い意味で使っており、国家（政治社会）や地域社会から、宗派（宗教社会）などを含んでいる）によって、自殺率はほぼ一定していて変化しにくい。その意味で、それぞれの社会には固有の自殺率があるというのです。ということは、それぞれの社会は一定の自殺を引き起こす「傾向（性）」――これこそが社会的事実ですね――をもっているということになります。したがって社会学は、この（まさに社会的事実で

48

ある）「傾向（性）」がいったいどのようにつくりだされているのかを明らかにしなければならないということになります。

　というわけで、デュルケームは『自殺論』の冒頭で、なぜ「自殺」を取り上げるのかを説明するのですが、19世紀のヨーロッパで自殺が激増しているということにほとんど触れません。もちろんそれは自明の前提だったのかもしれませんし、たしかに『自殺論』の終わり近くでは、この激増が「病理的」であると指摘されてはいるのですが、やはり違和感を感じます。

　どうもデュルケームは、「自殺」（の増加）そのものに強い問題意識をもっていたというよりも、あくまで社会的事実の強力な事例として、あるいは社会的事実についての社会学的研究のひとつの事例として「自殺」を扱っているのではないかという印象を受けます。ですから逆に、「自殺」についての研究という視点だけから見ると、その実態に迫る迫力というか、関連するひとびとへの共感というか、そういうものにやや欠ける部分があるのは否めないと思います。

2　自殺の類型

(1) 自己本位的自殺

　デュルケームは、自殺には三つの類型（タイプ）があると言います（じつは第四のタイプにも少しだけ言及してはいますが、ここでは扱いません）。

　まず第一は、「自己本位的自殺 suicide égoïste」、利己的な自殺と呼ばれます。簡単に言えば、自己が所属している集団の統合が弱くなり、集団から切り離されて自分自身にしか依拠できなくなると、自殺を抑制しうる集合的な力が失われてしまいます。もちろん個々の自殺には、個別の事情があるにせよ、このように集団の凝集性 cohésion

が低下して、自己の集団への包摂が失われることを背景に生じる自殺が、自己本位的自殺と呼ばれます。

　デュルケームはそのような事例として、キリスト教の宗派による自殺率の違いを取り上げます。プロテスタントに自殺が多いのは、プロテスタントの教会がより個人主義的であって、カトリックに比べて強力に統合されていない、集団としての凝集性が低いからだと言うのです。プロテスタントの方が、自殺を抑制しうる集合的な力が弱いということです。

　社会的凝集、集団への包摂ということを考えるなら、やはり最も身近なものは家族でしょう。はたして家族（への包摂）は自殺を抑止する力をもつのでしょうか。デュルケームはまず、未婚者と既婚者の自殺率を比較します。単純に考えれば、もし家族（への包摂）が自殺を防止するとすれば、未婚者の方が自殺率が高く、既婚者の方が自殺率が低くなることが予想されます。ところが結果は、みごとに逆の結果になってしまいます。いったいどういうことなのでしょう。デュルケームの仮説――家族（への包摂）が自殺を防止する――は間違いだったのでしょうか。

　かれは、ここで未婚者と既婚者の年齢の違いに注目します。当然ですが、未婚者の平均年齢は低く、既婚者の平均年齢は高い。しかも年齢という要因は、かなり普遍的に、自殺率との関連が強く、（高齢者を除いて）年齢が高くなるほど、自殺率は確実に上がります。とすれば、未婚者の自殺率が低いのは、未婚だから低いのではなく、年齢が低いから自殺率が低い可能性があるわけです。既婚者の自殺率が高いのは、既婚だから高いのではなく、年齢が高いから自殺率が高い可能性があるということです（図2）。このように、二つの変数 variable、ここでは①婚姻状況（この変数がとる値 value は「未婚」あるいは「既婚」です）と、②自殺率（この変数は「率」なので、値は連続的に変化します）

の間に、第三の潜伏する変数、ここでは③年齢 (この変数がとる値も連続的ですが、いくつかの段階 (年代) にグルーピングすることができます) が介在して、二つの変数の (見た目の) 関係に影響を与え、二つの変数の関係を正しく見ることを妨げている可能性があります。第三の変数の介在によって、二つの変数の関係が誤ったかたちであらわれてしまうことを「擬似相関 spurious correlation」と呼びます。

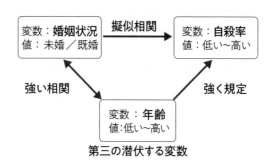

図 2　擬似相関と第三の変数

　では、どうすれば変数間の正しい関係を見ることができるのでしょうか。要するに、年齢という変数が邪魔をしているのですから、この変数が邪魔をしないように、影響を与えないようにしてやればよい。それを変数の「統制 control」と呼びます。そうするには、年齢という条件が同じ者たちの集まりのなかで、未婚者と既婚者の自殺率を比較してやればよいことになります (図3)。年齢という条件を厳密に同じにするのは難しいので、年代別にグルーピングすることで、そのグループのなかでは年齢の違いは無視できる程度であると想定します。実際にやってみると、結果はみごとに逆転して、未婚者の方が自殺率が高く、既婚者の方が自殺率が低い。つまり、やはり家族(への包摂)は自殺を抑止する効果があるという結果が得られます。

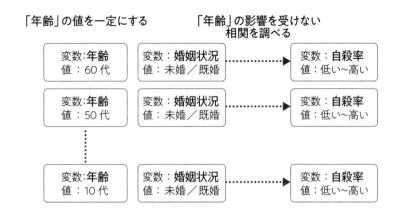

変数:**年齢**　　　変数:**婚姻状況**　　　　　　　　変数:**自殺率**
値：60代　　　　値：未婚／既婚　　　　　　　　値：低い～高い

変数:**年齢**　　　変数:**婚姻状況**　　　　　　　　変数:**自殺率**
値：50代　　　　値：未婚／既婚　　　　　　　　値：低い～高い

変数:**年齢**　　　変数:**婚姻状況**　　　　　　　　変数:**自殺率**
値：10代　　　　値：未婚／既婚　　　　　　　　値：低い～高い

図3　第三の変数の統制（コントロール）

　これまでの例からわかるように、所属する集団の統合、凝集性が低下したり、あるいは集団への包摂そのものが欠如することによって、自殺を抑止しうる集合的な力が失われることを背景にして、自殺率が高くなることがわかります。別の言い方をすれば、個人の外部にあり、自らの生の目的や根拠となる対象（集団や社会）を失うことが、自殺への傾向をつくりだしていることがわかります。このような自殺が「自己本位的自殺」と呼ばれます。

(2) 集団本位的自殺

　自己本位的自殺とは反対に、集団の統合がきわめて強く、個人が集団のなかに完全に埋没していて、その一部でしかないような場合に、その集団の要求や必要に応じて生じる自殺があります。デュルケームはそれを「集団本位的自殺 suicide altruiste」と名づけています。altruiste（仏）/ altruistic（英）というのは少し耳慣れない言い方ですが、ラテン語の alter（別とか他という意味）から来ていて（英語でもalternative とかよく使いますね）、要するに「利己主義的 égoïste（仏）/ egoistic（英）」の反対語です。デュルケームは、自殺の第一のタイプ

を行きすぎた個人主義という意味で「利己主義 égoïsme/ egoism」と関係づけていたので、この第二のタイプはそれと正反対に、行きすぎた「集団主義」に関係づけられるべきだと思いますが、「利己主義」の正反対という意味で「利他主義 altruisme/ altruism」という言い方をしたということだと思います。その意味では、これをそのまま「利他主義的自殺」と直訳せずに、「集団本位的自殺」と意訳したのは、内容をくみ取ったすばらしい翻訳だと思います。

　集団本位的自殺は、具体的には、主君の死に殉じて死ななければならない臣下のような、義務的な集団本意的自殺、義務的ではないものの、不名誉を逃れるため、あるいは尊敬を得るために、自ら死を選ぶ随意的 facultatif な集団本意的自殺などがあります。後者の場合は、いっけん集団本位的には見えないかもしれませんが、一定の状況においては、自ら死を選ぶことを集団（社会）が奨励し、尊敬に値するものとしているからこそ、このような自殺が起こるわけです。武士の切腹はこの典型例ですね。さらには、宗教的な狂信にもとづいて、個人あるいは集団で、あたかもひたすら犠牲の喜びを求めるかのように死に赴くような、激しい集団本位的自殺も挙げられています。

　個人と集団との関係から見ると、一方で個人が集団から切り離され、孤立してしまうことは、自殺を抑止する集合的な力を弱くし、結果として自殺を促進することになりますが、他方で個人があまりに強く集団に包摂され、そこに埋没して一体化してしまうことは、反対にきわめて強い集団の力によって、死が強要される可能性があることを示しています。後者の集団本意的自殺は、その事例からもわかるように、多くは、近代以前の伝統的社会に見られるものであり、基本的に近代社会の原理とは相容れない性質のものではあります。それでも軍隊やそれに準ずる組織原理をもちやすい警察、企業、スポーツ団体、学校など、意外と多くの集団生活のなかで、今日でも集団の圧力に

よって起こりうる自殺の類型だと考えられます。日本社会のように、社会全体に集団主義的な傾向があるところでは、とくにその傾向があるのではないかと思います。

(3) アノミー的自殺

　自己本位的自殺、集団本位的自殺につづく、自殺の第三のタイプは、「アノミー的自殺 suicide anomique」と呼ばれます。戦後日本の自殺率の長期的推移（厚労省『自殺対策白書』など）を見ると、たしかに経済的な危機（90年代以降）は自殺を増加させますが、戦後の高度成長が始まろうとしていた時期や、バブル経済の時期、つまり経済的な繁栄やそれに向かう時期にも自殺は増加しています。経済的危機がひとびとを困窮させたり希望を失わせるから自殺が増えると考えるのはやや単純であって（経済的に豊かになっても自殺が増えるのだから）、むしろ問題なのは、それが良い方向のものであれ、悪い方向のものであれ、社会の変動や再編そのものなのではないか、というのがデュルケームの考えです。

　では、どうして社会の変動や再編が自殺を増加させるのでしょうか。デュルケームの前提は、人間の欲望とは、それをさえぎるものがないかぎり、本来は無際限なものであるというもの。これは現代からみると、問題のある前提で、そのためにかれの議論はやや一面的なものになってしまっています（これについては第5章のマックス・ウェーバーのところでくわしく説明します）。デュルケームによれば、この無限の欲望には制限が必要で、しかも無理やりにではなく、ひとびとが尊敬し自発的に服従する権威による規制が必要とされます。ただし、個人に優越する唯一の道徳的権威は社会しかありません。したがって社会だけが、その役割を果たすことができるとされます。すべてをひとびとの集合的な実在たる社会の力に還元しようとする、いかにもデュルケームらしい主張です。要するに、社会はひとびとの無際限の

欲望に対して道徳的な規制をかけようとする。規制ということばは法的規制を連想させますが、もちろんここで問題なのは、あくまで道徳的な規制なので注意してください。これは結構、芸がこまかくて、たんに全体としてというだけでなく、それぞれの社会的階層（職業）や、かつてであれば身分ごとに、異なる仕方で道徳的規制があるわけです。豊かなひとびとには、欲望に対してそれほど強い規制は必要ないけれど、貧しいひとびとには強い規制がかかる、というように。なんでこんなことになるかと言えば、それによってひとびとの欲望（欲求）と充足との間に均衡、バランスが保たれるというわけです。「分不相応」な欲望はもたず、「分相応」であれ、そうすれば個人も幸せ、社会も秩序が保たれるという、まあ保守的というか、秩序維持の思考でもあります。

　それはともかくとして、社会が安定している場合は、欲求と充足のバランスが保たれている。ところが、社会の急激な変動があると、社会による道徳的な規制の力が弱まります。経済的危機なら、充足水準が下がるから、ただでさえバランスが崩れますが、（社会的混乱のなかで）下手をすれば、チャンス到来とばかりに欲求水準が上がってしまうことさえありえます。どちらにしても、欲求と充足が乖離してしまう。他方で、経済的繁栄なら、充足水準が上がるのだから、欲求水準が上がってもよいように思うかもしれませんが、たががはずれた欲望の増大は容易に充足水準を超えてしまうとされます。ですから、ここでも欲求と充足はやはり乖離してしまう。いずれにしても、社会によるひとびとの欲望（欲求）に対する、道徳的な規制が弱まることで生じる「無規制＝アノミー anomie」状態が、ひとびとの欲望（欲求）と充足のバランスを崩し、そこから生じる焦燥や幻滅といった苦悩が自殺を引き起こすというわけです。

　あとでも触れますが、このようなアノミー（無規制）は一時的なも

のだけではなく、近代社会そのものに内在する特徴でもあることを忘れてはいけません。資本主義経済の発展のためには、ひとびとの欲望が、伝統的でつつましい水準にとどまっていてはならないからです。

3　集合意識の復権 —— ジレンマの解決

　自己本位的自殺もアノミー的自殺も、個人を包摂するものであれ、個人（の欲望）を規制するものであれ、ともに「社会」が失われるという共通性があります。前者はそれによって自己の内部（内面世界）へ無限に後退し、閉じこもっていくのに対して、後者は自己の外部へ無限の欲望を解放する。両者は、その方向性がまったく対照的ではありますが、ともに無限性のなかに迷い込んでいく。デュルケームはそれを「無限性の病」と呼び、そのような無限性への迷い込みを遮断して、個人（自己）に確実な領分というか型枠というか、そういうものを与えるのが、集合的な力としての社会であると主張します。ただ、『社会分業論』で見たように、機械的連帯から有機的連帯への変化に応じて、集合意識は弱体化し、社会の集合的な力は弱まっているように見える。それでは、上で述べた無限性を遮断することはますます難しくなるし、そもそも新しい有機的連帯の社会は、いったい何によって支えられるのかという問題を抱え込んでしまう。それが「デュルケームのジレンマ」と呼んだ問題でした。

　ここでデュルケームは、時代とともに自殺を禁止する力がしだいに強くなる傾向があることに注目します。どうもその理由は「人格崇拝 culte de la personne」という現象 —— 時代とともに、個人（人間）の人格が神聖なもの、尊重すべきものという感情・観念が強くなり、近代にいたると、ついには個人の尊厳は社会に優越し、個人は宗教性を帯び、神のような存在となっている —— にあるのではないかと考え

ます。このような集合的な感情の高まりこそが、自殺を禁止する力を強くさせているということです。ここで重要なことは、この「人格崇拝」が、一方で個人の尊厳という内容をもっているとともに、他方でひとびとの集合的な感情、つまり「集合意識」であるということです。ひとりひとりの個人が何よりも優先されるということを、なぜかみんなが一緒になって共有しているということです。

　「人格崇拝」が集合意識であることに気づくと、それは異なる個人どうしが分業によって結びつく有機的連帯の社会を支える新しい「集合意識」、ひとびとを同質化する集合意識ではなく、「それぞれの人格が異質である（違う）ことを、それぞれの人格が一緒に認める（同じ）」という、新しい「集合意識」なのではないか、ということに気がつくはずです。それはたんに自殺の禁止を強めているだけではなくて、むしろ有機的連帯を支える、新しい集合意識なのではないか、ということになります。

　この「人格崇拝」（「個人主義」とは、その穏やかな表現であるとされる）は、社会のメンバーに広く共有された信念・感情であって、近代的な社会＝有機的連帯の社会の「集合意識」であるということが重要です。デュルケームはここで、有機的連帯の社会においても、それを支えるのはやはり「集合意識」にほかならない、ただそれはひとびとを同質化する、かつての集合意識とは異なるものであると主張しているわけです。デュルケームのこのような変化は、タルコット・パーソンズが「集合意識の復権」と呼んだものです。

4　自殺と社会の道徳構造

　さて、最後に『自殺論』の最も重要と思われる論点についてです。『自殺論』の課題は何だったか、もう一度思い出しましょう。それは、

それぞれの社会の固有の自殺率（一定の自殺を引き起こす傾向）という社会的事実は、いったいどのようにしてつくり出されているのかを明らかにすることでした。

　デュルケームはつぎのように答えます。それをつくり出しているのは、（それぞれの社会に見られる）自己本位主義、集団本意主義、アノミーなどの道徳的「潮流」が形成する道徳の構造である、と。たとえば、経済が発展していて、自己本位主義やアノミーが強ければ、全体として自殺率はかなり高くなるでしょうし、社会の一部で集団本意主義が強く残っていれば、さらに高くなるでしょう。

　ここで、とても重要なことに気がつくはずです。経済（資本主義）の発展と自己本位主義やアノミーは密接に結びついています。つまりこういうことです。ひとびとを集団から自由にする、自己本位主義の土台となる個人主義や、ひとびとの欲望を社会的な規制から解放するアノミーは、近代（資本主義）社会をつくり上げている重要な原理にほかならないということです。ちなみに集団本意主義は、近代社会では社会の一部に限られますが、前近代社会では、全面的に社会をつくり上げている重要な原理であったと言えるでしょう。

　ここから、自己本位主義、集団本意主義、アノミーは、近代社会そのものを構成し、あるいはそれを支える道徳的な力であるということがわかります（ただし、集団本意主義は社会全体ではなく、一部のみですが）。

　それと同時に、この三つの道徳的な潮流は、それぞれのタイプの自殺を引き起こす力でもあります。つまり、自殺を引き起こす力と、社会を構成し支える力は、じつは同じものであるということです。同じ道徳的な潮流が、一方では自殺を引き起こしていると同時に、他方では社会そのものを構成し、社会を支えている。だから、自殺を引き起こす原因だからといって、単純に、これらの道徳的な潮流を押しとど

めればよいということにはならない。

　近代社会を生きるかぎり、私たちは集団に依存するのではなく、他者とは異なる個性ある人格として個人主義にもとづいて行動する必要がありますが、個人主義は往々にして、他者を尊重しない自己本位主義へと横滑りします。また、経済（資本主義）の発展を考えれば、欲望を解放すること（アノミー）は悪いことではなく、むしろ必要なことです。つまり、行きすぎた個人主義としての自己本位主義、そしてアノミーにもとづいた行動は、ある意味で、近代社会に生きる個人に求められる「正常な」行動であるということが重要です。しかし、自己本位主義やアノミーは自殺（という逸脱行動）を引き起こしもするわけです。

　近代社会の道徳構造は、近代社会を構成するために必要な「正常な」行動を引き起こすと同時に、「逸脱行動」をも引き起こすということです。これは矛盾したことを言っているわけではありません。私たちは、「正常な」行動と「逸脱行動」は正反対のもので、かつて（『社会分業論』の段階では）デュルケームもそう考えていたように、「正常な」行動は社会的な行動で「逸脱行動」は非社会的な行動というように考えがちなのですが、そうではないということです。両者は正反対ではなく、むしろ連続している。「正常な」行動と「逸脱行動」は連続している、つながっている、同じものの異なる部分なのです。

　「正常な」行動と「逸脱行動」、「正常な」メンバーと「逸脱者」は、ともに社会の道徳構造という同一の力（同じ傘）のもとにあるということです。このような考えは、「社会的連帯主義」という当時の思想的・政治的な運動 ── それは20世紀のフランス型福祉国家へとつながっていくものです ── を支える重要な理論的背景のひとつであったことを忘れてはいけません。

参考文献

エミール・デュルケーム『社会学的方法の規準』岩波文庫（1978：原著1895）

―――――『自殺論』中公文庫（1985：原著1897）

田中耕一『〈社会的なもの〉の運命』関西学院大学出版会（2014）［第1章、第6章］

第 5 章

マックス・ウェーバーを読む
―― 『プロテスタンティズムの倫理と資本主義の精神』

　この章では、マックス・ウェーバー Max Weber (1864-1920) の『プロテスタンティズムの倫理と資本主義の精神』(1904-05 年) を取り上げます。ウェーバーの議論は「資本主義」を問題としている点で、明らかにマルクスの議論と関係があります。マルクスは、資本が剰余価値を生み出しつつ自己増殖するという資本の運動の視点から、資本主義をとらえました。それに対してウェーバーは、宗教や倫理などを含めた、人間の行為という視点から資本主義をとらえようとします。かつては、そうしたところから、資本主義を物質的あるいは経済的な下部構造から（唯物論的に）考えようとしたマルクスと、法、道徳、宗教など理念や思想にかかわる上部構造から資本主義を考えようとしたウェーバーという対比がされてきました。たしかにそれはそれで間違いではありませんし、ウェーバー自身がマルクス主義的な下部構造決定論に対して、そのような批判をしています。

　しかし、かれもまた資本主義を、たしかに資本の無限の自己増殖ではありませんが、（あとでくわしく見るように）それとよく似た、人間の行為の無限の自己増殖として概念化したということができると思います。その意味ではやはり、マルクスの議論とウェーバーの議論は、対照的なものであるとともに、資本主義社会に関する、ある共通した本質的特徴に関係していると考えることは十分に可能なのです。

　もうひとつ注目しておかなければならないのは、デュルケームの議

Max Weber
(1864-1920)

論との関係です。ウェーバーとデュルケーム は、直接に関係があったとか、互いに意識して いたといった形跡はありません。そもそもこの 二人を古典的な社会学者の双璧として並べて論 じたのは、20世紀を代表する社会学者である タルコット・パーソンズで、それ以降、社会学 史上の巨人として、この二人がひな壇に並べら れるようになりました。パーソンズがこの二人 を並べたのには、もちろんそれなりの正当な理 由がありますし、それはパーソンズ自身の理論枠組みと密接に関係し ています。それについては第6章でくわしく説明しますが、私自身は パーソンズによる位置づけとは少し違った考えをもっています。

　それは、第4章でも少し触れましたが、デュルケームは社会的な力 がひとびとの行動や欲望を抑制する、抑えるという側面に注目してい るのに対して、ウェーバーは逆に社会の力がひとびとの行動や欲望を 促進する、加速させるという側面に注目しているのではないかという ような対比です。(資本主義) 社会の力が、ひとびとの行動や欲望を促 進する、加速させるということは、そのまま、資本主義がひとびとの 行為を自己増殖させていくというところにつながっていって、マルク スの議論と重なりあっていく、そういうイメージでとらえています。

1　ウェーバーの問題設定 —— 信仰と職業生活

　ウェーバーの問題設定はきわめて明解です。かれは、職業統計のな かに見いだされる、信仰と (職業的な) 社会階層分化にかかわる、つ ぎのような現象に注意を促します。それは「近代的企業における資本 所有者や企業家についても、あるいはまた上層の熟練労働者層、とく

に技術的あるいは商人的訓練のもとに教育された従業者たちについても、かれらが著しくプロテスタント的色彩を帯びているという現象」です。つまりそのような職業についているひとびとは、カトリックであるよりもプロテスタントであることが多い（精確に言えば、総人口に占めるプロテスタントの比率よりも、このような職業についている者に占めるプロテスタントの比率の方が高い）ということです。カトリックかプロテスタントかという信仰の問題が、資本主義的な社会のなかで、資本家、経営者、熟練労働者など、主導的な立場にあるかどうかという世俗的な問題と、密接に関連しているように見えるが、いったいそれはどうしてなのかということです。

　一方は世俗の領域の対極にある宗教的な信仰の領域の問題、他方は信仰の領域の対極にある世俗的生活の領域の問題、この二つは別々の問題というか、まさに正反対に位置する領域の問題に見えます。信仰にひたすら熱心な信徒のイメージと、利潤をひたすら求めようとする資本家のイメージは、たしかに相容れませんね。もし、ひとりの人物がこの両方を兼ね備えているとしたら、いったいどちらが本物なのかと言いたくなってしまう。この二つの領域は、それくらい両立しない領域なわけです。しかしながら、ウェーバーが職業統計に見られる信仰と（職業的な）社会階層分化の関係のなかに見いだしたのは、このまったく相容れないように見える二つの領域の間に、どうも密接な関係があるのではないか、もっとはっきり言えば、信仰に熱心であることと、職業的な成功の間にはどうも関係があるのではないかということです。この二つの人格は、じつは別物ではなくて、つながっている、連続性があるのではないかということでもありますね。

　デュルケームは、プロテスタントは個人主義的であり、教会という集団への統合という点で弱い（機械的連帯という意味では弱い）ことが自殺への傾向に結びついていると考えました。デュルケームにとっ

て、宗教や信仰の問題は、最終的には集団や社会の問題へと還元されていきます。ひとびとが尊敬する唯一の実在は社会だと考えるからです。神は社会の表象（意識）であるとされる。だから社会の問題は直接に宗教の問題なのですが、逆に言えば、信仰の問題も社会に還元されてしまう。とすると、プロテスタントはあまり宗教的ではないということになりかねませんね。ところがウェーバーは、あくまで信仰する人間の主観性の立場にたつので、プロテスタントが教会という組織を媒介とせずに、神との直接的な関係を取り結ぶ、その強さに注目します。

　ウェーバーはプロテスタントが神と一対一で向きあうがゆえに、厳格で強烈な信仰の強度を実現することに注目します。そうだとすると、強烈な信仰心にもとづいて、神による強い支配を受け容れるプロテスタントが、きわめて世俗的である資本主義的活動に適応し、しかもそこで成功するのはどうしてなのか、ますます疑問に思われるかもしれません。しかしウェーバーは、いっけん対立的にみえる信仰生活と世俗的職業生活、この両者には、じつは共通する原理がはたらいているのではないか、と予想します。たしかに、プロテスタントはこの両方の生活領域において、簡単に言えば、とても強度のある活動をするわけです。信仰においても、仕事においても、厳格で一貫していて徹底してやり遂げる。どうもそのへんにヒントがありそうです。

2　「資本主義の精神」とは何か？

　まずウェーバーが問題にするのは、資本主義社会のなかで、とくに職業や労働にかかわる生活、仕事にかかわる生活のなかで求められる心構え、態度のようなものです。かれはそれを「資本主義の精神」と名づけます。「精神」というと大げさな感じがしますが、資本主義

社会で必要とされる心的態度、生活態度です。また、資本主義というもののコアにある理念や思想という意味でもあります。ウェーバーは（ギリシャ語由来の）「エートス Ethos」という言い方もしています。血肉化した倫理とでもいうようなものです。

「資本主義の精神」とはどのようなものか。ウェーバーが取り上げるのは、「（アメリカ）合衆国独立宣言」（1776年）の起草者のひとりでもあるベンジャミン・フランクリン Benjamin Franklin（1706-90）が、若いひとびとに向けた指南というか教えというか、実業家として成功するための秘訣として奨めている諸原則です。そこで説かれていることは、たとえばつぎのようなことです。「時間は貨幣だ（時は金なり）ということを忘れてはいけない」——怠けて遊んでいると、遊ぶのに金がかかるだけでなく、本来その時間で稼げた金も失うことになる。「信用は貨幣だということを忘れてはいけない」——信用があれば、支払い期限を延ばすことができるので、その資金を運用し利息を得ることができる。「貨幣は繁殖力があり多産であることを忘れてはいけない」——貨幣を運用することによって利益を得ることができ、額が多いほど利益も大きくなるので、運用できたはずの貨幣を失うことは、それだけでなく運用によって得たはずの貨幣をも失うということである。「支払いのよい者は他人の財布の支配者であるということを忘れてはいけない」——勤勉と質素は当然だが、支払いがよい者（借りた金を時間と法を遵守して返す者）は、それだけ多くの貨幣を借りることができ、つまりは他人の財布を支配できる。「信用に影響する行為には注意しなければならない」——怠けて遊んでいれば信用を失う。正直さ・誠実さが信用を増大させる。「支出も収入も正確に記帳しておくのがよい」——何を節約すべきかがよくわかるから。

ウェーバーがこれらの奨めの数々のなかに読みとるのは、営利を追求する人間、つまり金儲けをしようとする人間がけっして何か狡猾で

抜け目のない人間としてではなく、むしろ約束を守り正直で勤勉な、つまりは信用のおける立派な人間として描かれているということです。もう少しはっきり言えば、金儲けをする人間は、道徳的・倫理的に立派で尊敬できる人間でもあるというか、そういう人間でなければ金儲けはできないと言っている。ウェーバーは、そのような「精神」あるいは「エートス」を「倫理的色彩をもつ生活の原則という性格を帯びている」と表現しています。

　ただ、フランクリンの道徳性には、外観上という側面、つまりそう見えればよいという側面があり、その意味で、かれが求める道徳性は、あくまでそれが利益につながるかぎりであるという傾向をもっていることをウェーバーは認めています。しかし仮にそうだとしても、フランクリンの利益の追求という目標は、本当の意味で徹底していて、その意味で倫理的な価値・目標であるかのように扱われている。もはや何か（たとえばぜいたくや幸福）の手段ではけっしてなく、むしろそれ自体が人生の目的になっています。そこにあらわれているのは、自己の資本を増加させることを自己目的と考えるのが各人の義務だという思想です。つまりここでウェーバーが注目しているのは、もちろんどんな目標でもよいというわけではないにせよ、目標それ自体が倫理的・道徳的目標と言えるかどうかではない。問題なのは、目標それ自体ではなくて、その目標に向けた態度の強さのようなものなのですね。倫理的・道徳的目標であるかぎり、あらゆる困難を克服し、他のいっさいを押しのけてもその目標を達成しようとする徹底性といったものが、倫理的・道徳的ということの意味です。

　営利の追求、金儲けは、何か欲深さや身勝手さという悪徳から切り離されるだけでなく、道徳的・倫理的に望ましいものと結びつけられ、さらに言えば、道徳や倫理そのものとさえ考えられていくわけです。

　ベンジャミン・フランクリンに示されている倫理的態度は、営利の

追求や労働に励むといった職業的な活動を道徳的な義務としてとらえるものであり、ウェーバーはそれを「職業義務 Berufspflicht」の思想と呼んでいます。そして歴史的にみると、このような態度の出現は、近代的な資本主義の発達に先立つ、つまりはそれは結果ではなく原因だと言いたいわけですね。

　近代的な資本主義の発達に先立つ時期に、この「職業義務」の思想と対照的な生活態度は二つ見られます。第一は、冒険的で向こう見ずな営利活動を行う冒険商人的な態度で、これは近代的な産業資本主義を特徴づけるものではありません。産業資本主義は、ものづくりですから、こつこつと確実に働く態度が必要です。向こう見ずな冒険的態度は、それに先だつ商業資本主義に特徴的な態度です。

　第二は、「伝統主義」的生活態度です。出来高賃金制を導入しても、より多くの報酬を求めてより多く労働するのではなく、現状の報酬で満足し、（相対的に）より少ない労働を優先する態度、より多くの収入よりも、（相対的に）より少ない労働を選ぶ態度です。これはいっけん不思議に思えるかもしれません。でもよく考えればわかるように、出来高賃金制がうまく機能するのは、けっして現状に満足せず、つねに少しでも現状を改善していこうとする態度（エートス）がひとびとに根づいている場合だけです。ですから、現状に満足し、それを受け容れることを旨とする「伝統主義」が支配的であれば、ひとびとは犠牲を払ってまで、報酬を増やそうとはしません。

　「職業義務」の思想を核とする「資本主義の精神」は、このようなライバルに打ち勝って、近代的な資本主義を支える精神的態度、生活態度となっていくというか、歴史的に見れば、このような生活態度の普及こそが、資本主義の発展を促していったというのがウェーバーの基本的な主張です。

　では、このような態度、労働や営利追求を義務づけられた自己目的

＝天職ととらえるような道徳は、いったいどこから、そしてどのように して生じてきたのでしょうか？

3 カルヴィニズムと「予定説」

　まずウェーバーが注目するのは、宗教改革 Reformation の扉を開い たルター Martin Luther (1483-1546) の「天職 Beruf（独）/ calling（英）」 の概念です。ルターは聖書翻訳（ラテン語、ギリシャ語からドイツ語へ の翻訳）のなかで、この概念を使います。ウェーバーによれば、世俗 的な労働を尊重する思想は、ルター以前からあるものの、それを「天 職」（神から与えられた使命）と考えたのは、ルターが最初だとされま す。世俗的な職業労働は、神から与えられた使命＝天職として尊重 されますが、同時に神から与えられたものだからこそ、その職業と身 分（伝統的な秩序）にとどまらなければならないとされ、新しい秩序を つくりだすというよりも、伝統的な秩序を維持する保守的な力となっ ていきます。そこが、世俗的労働への専心を通して、自己や世界を徹 底的に変革していくという、カルヴィニズムとは根本的に異なります。
　決定的に重要な役割を果たすのは、カルヴィニズム Calvinism（カ ルヴァン主義）です。16世紀後半のジュネーブ（スイス）で統治の実権 を握ったジャン・カルヴァン Jean Calvin (1509-64) の主張の特徴を 一言で表現すれば、厳格で強烈な信仰の強度と、それに応じた神によ る支配の強度を実現した、典型的なプロテスタントの教派ということ になるでしょう。あるいは、キリスト教を宗教的に純粋化し、神の絶 対性、神の超越性をその極限まで追求した教派であると言ってもよい でしょう。イングランドのカルヴァン主義者であるピューリタンたち が、1620年にメイフラワー号でアメリカ大陸に渡り、合衆国建国の 礎となったのはあまりに有名ですね。

　カルヴァンの教義は、「予定説 predestination」(「恩恵の選び Gnadenwahl の教説」) に典型的にあらわれます。「予定説」とは、救済 (だれが救われるか) は、神の永遠の、変わることのない決断によって、あらかじめ予定されているという恩恵論です。神のみが自由であり、救済は神の「恐るべき永遠の決断」にもとづいて、あらかじめ定められており、被造物である人間が、それを変更することはできはないし、知ることさえできない、とされました。神の決断は絶対不変 —— 恩恵を受けた者には喪失不可能であり、恩恵を拒絶された者には獲得不可能です。だから善い行いをしたから救われるとか、悪い行いをしたから救われないとか、そういうことはない。なぜかと言えば、もし人間の行いによって、神の (そのひとを救うかどうかという) 意志が変わるとすれば、それは人間が神を支配することになってしまうではないかというわけです。

　たしかにその通り、とてもわかりやすい (ように見えますね)。でも本当のところは、単純に、神が恩恵をコントロールすることによって、人間の行動を支配しているようにも見えます。それを人間の出方によって神の対応が異なるという形式に置きかえると、たしかに人間の方が優先されるかのように見えるわけです。すでにルターが、自由意志による善行によって救われるとする考えを批判し、信仰のみによって救われるということを主張したことが反響しているような気がします。人間の自由な意志を前提としてしまうとだめなんですね。だからあくまで神が人間を絶対的に支配するというか、神が絶対的存在であるためには、神があるひとを救うか救わないかは、そのひとがどういう行動をするかとは無関係でなければなりません。

　これは論理的にはまったく正しいと思います。しかしそれは何か宗教としては破綻している感じがありますね。宗教を純化し、神の絶対性、超越性をその極限まで追求しようとすると、宗教は破綻してしま

う。なぜかと言うと、純化すればするほど、人間と神とのコミュニ
ケーションはいっさい認められなくなる。神と人間の間は、永遠の
深淵によって隔てられてしまいます。ひとびとは「内面的孤独化の感
情」に支配され、「人間は永遠の昔から定められている運命に向かっ
て、孤独の道をたどらなければならなく」なります。

　まさに破綻ですね。信徒にとっても、これはどう考えても絶望的な
教説です。どうしたら自分は救済されるのか、信徒にとってこれが最
も重要な問題なのに、その方法、手段はいっさいないし、救われるか
どうかを知ることもできない —— 絶望的です。普通なら投げ出して
しまいたくなるところですが、敬虔な信徒にとって、とてもそんなわ
けにはいかない。

　そこで、信徒たちが考え出したのは、いわば裏技です。救われるひ
とには「選ばれた者」のしるしのようなものがどうしても自ずとあら
われてしまう、隠そうとしてもどうしても見え隠れしてしまうという
わけです。それは「救いの確証／確信 certitudo salutis（救いの確かさ）」
と呼ばれました。それは信徒たちの内面＝心のなかに「確信」として
あらわれますが、それだけではありません。というか、そもそもカル
ヴァンはそういう内面的な感情や気分のようなものではなく、客観的
な行為を重視します。そこはルターとは対照的で、神を感じることで
はなく、神の道具として行為しなければならない —— 自由意志にも
とづいた行為ではありません。もっと直接的に神の道具とならなけれ
ばならない —— 救われるために、それを選択しているのではありま
せん。

　では、それはどのようにあらわれるのか、あるいは（ちょっと邪道
というか、逆転の発想をすれば）どうしたらその「確証（確信）」は得ら
れるのか。第一は、恩恵と信仰はいわば相関していますから、救われ
る者のしるしは、その強い信仰のなかにあらわれる。だからそもそも

救済されるかどうかを疑うのは、強い信仰がないということなので、救われないしるしになってしまう。自信がないのは信仰不足、恩恵不足に由来する。だから、絶対に疑ったりしたらいけない、ひたすら信じるのみ（救われることを）です。ともかく自信を持っていなければならないし、外部から見ても自信に満ちていなければいけないわけです。とにかく自信を持ちなさいというプロテスタント的傾向はここから来ているのでしょう。

　第二は、たしかにどんな悪人でも救われる可能性はあるけれど、普通に考えれば、「選ばれし者」は神が与えた天職にひたすら励み、神の道具となって世界を変革（合理化）していくはずです。逆に言えば、私にそれができているのなら、それは私が救われるしるしである、というわけで、ひたすらに職業労働に励みつづけることが推奨される。いわばつねに試されているわけですね。試されつづける、休みなく。

　重要なのは、この休みなく試されつづける、というところです。じつは、ウェーバーはあまり論じていないのですが、ここには難しく言うと「時間意識」というものが関係しています。少なくともここでの時間意識は、かつては前提としてあった「持続する時間」が「瞬間」へと分解され、「瞬間」がつぎつぎと過去へと過ぎ去っていく、あるいはだから、そのようなそれぞれ別々の「瞬間」をどのようにしてつなぎあわせていくのかが課題となるような、そのような時間意識です。それは、私たちもそれを生きている、きわめて近代的な時間意識なのですが、そういうものが強烈にあらわれています。だから今という瞬間に、救いの確証が得られたとしても、つぎの瞬間には、それはもはや何の保証にもならず、再びそれが必要になる。だから確証は刻々と休みなく更新されつづけなければならない。真木悠介（＝見田宗介）は、このような分解され、原子化された時間のことを「時間のアトミズム」と呼んで、ホッブズが見たような「社会のアトミズム」（分解さ

れ、原子化された社会）と相関するものだと述べています。それまで前提であった時間の持続や、（政治）共同体の一体性が、分解されるというか、逆に分解された状態が前提となる、いわば転倒した時代が到来していたのです。

4 行為のアクセル／ブレーキとしての道徳規範

どちらの勧告にしたがっても、信徒は神が与えた天職にひたすら励み、神の道具となって世界を変革（合理化）していくという道徳規範に向けた「際限のない infinite」行為の連続を産出しつづけることになります。第一の勧告の場合は、疑うことのない強い確信に導かれ、第二の勧告の場合は、救いの不安と恐怖におののきながら、休むことなく、徹底的に、この道徳規範にしたがおうとします。重要なのは、規範にしたがう、この強度、徹底性あるいは厳格さ、さらに言えば過剰性あるいは異常性とさえ言えるでしょう。普段、私たちもさまざまなルールや道徳規範にしたがっていますが、そのしたがい方には強度、徹底性あるいは厳格さの違いがあることは直感的に理解可能だと思います。

かれらの行為は、道徳規範にしたがって規則的に再生産されるものですから、当然のことながら、一貫したものであり、規則的で組織的で体系的なものでなければならない。ひとつひとつの行為がばらばらではいけません。ばらばらな状態が前提とされ、それをいかにして一貫したものにしていくかが問題になったわけです。カトリックは、ばらばらな善行の集まりで満足しているが、かれらはそうではないというわけです。

道徳規範が集合的な力、社会の力であることを見抜いたのはデュルケームでしたが、かれはそうした力がひとびとの欲望（欲求）や行動

を抑制するという側面だけを見ていました。それに対してウェーバーはここで、明らかに対照的な側面、つまり道徳規範、社会の力がひとびとの行為を刺激し、生成し、増殖させていくという側面に注目しています。デュルケームが道徳規範、社会の力のいわばブレーキの側面に注目したとすれば、ウェーバーは逆にアクセルの側面に注目したと言ってもよいでしょう。

　というわけで、「資本主義の精神」はいったいどこから来たのか（何が近代資本主義を可能にしたのか）という問いに対するウェーバーの答えは、その原型はプロテスタントの道徳的倫理的態度、とりわけカルヴィニズムの教理にあるということになります。

　ただし、注意しておきたいのは、カルヴィニズムの教理が目標として提示した、職業労働への専心と没入それ自体は、ルターからさらには中世キリスト教のアスケーゼ Askese（禁欲と訳されますが、むしろ鍛錬、訓練という感じの方が当たっていると思います）にまでたどることができるものであるということ、カルヴィニズムが真の意味でつくり出したのは、職業労働への専心と没入の徹底的で過剰でさえある強度にほかならないということです。

マックス・ウェーバー（Max Weber）の生涯

1864.4.21	エアフルト（ドイツ）で生まれる
1882（18）	ハイデルベルク・ベルリン・ゲッティンゲン大学で学ぶ
1889（25）	博士学位取得
1890-91（26-27）	農業労働者の生活実態調査を実施
1892（28）	ベルリン大学私講師
1894（30）	フライブルク大学教授（経済学）
1896（32）	ハイデルベルク大学教授
1904-05（40-41）	「プロテスタンティズムの倫理と資本主義の精神」
1908（44）	織物労働者調査を実施
	ジンメルらとともに、ドイツ社会学会創設に努力
1910（46）	第一回ドイツ社会学会開催
1916-17（52-53）	「世界宗教の経済倫理」
	活発に政治活動、ドイツ民主党の結成にも参加
1919（55）	ミュンヘン大学教授
1920.6.14	56歳で没

参考文献

マックス・ウェーバー『プロテスタンティズムの倫理と資本主義の精神』岩波文庫（1989：原著 1905/1920）

真木悠介『時間の比較社会学』岩波書店（1997）

佐藤俊樹『近代・組織・資本主義』ミネルヴァ書房（1993）

田中耕一『〈社会的なもの〉の運命』関西学院大学出版会（2014）［第6章］

第**6**章

タルコット・パーソンズを読む
──『社会的行為の構造』

　この章で取り上げるのは、タルコット・パーソンズ Talcott Parsons (1902-79) です。今でこそ、それほどその名前を聞くことは多くありませんが、二度にわたる世界大戦を経て、社会学（だけでなくあらゆる学問、さらには文化、政治、経済などを含めて）の中心が、ヨーロッパからアメリカ合衆国へと大移動し、その新しいアメリカ社会学の中心に君臨したのがタルコット・パーソンズでした。もちろん当初からかれの社会学はあまりに壮大であることに批判はありましたが、それでも 1960 年代くらいまでは、アメリカ社会学ばかりでなく、世界の社会学を席巻したといっても過言ではありません。その後、さまざまな批判にさらされ（それについては第 7 章以降にくわしく説明します）、急速に忘れ去られていった感があります。不思議なことに、その興隆と退潮の落差はとても大きく見えます。

　時代的にみると、その退潮期の 1960 年代後半は、東西冷戦の深刻化やベトナム戦争の泥沼化といった政治的危機を背景にして、学生運動をはじめとするカウンターカルチャー Counter-culture の波に洗われた時期でもあり、少し遅れて 70 年代半ばには、フォーディズム体制からポスト・フォーディズム体制への移行という意外なかたちで大きな社会変動に見舞われていきます。したがって、パーソンズの社会学の興隆もそして退潮も、ともに大きな時代の節目とともにあったと言うことができるでしょう。

Talcott Parsons
(1902-1979)
関西学院大学にて（1978 年）
提供：関西学院大学広報室

　これから取り上げるのは、パーソンズの初期の大作『社会的行為の構造』（1937 年）です。20世紀初頭までのヨーロッパの思想と学問（経済学と社会学）を「行為の理論 theory of action」という視点から総括して、新しい社会学（主意主義的行為論 voluntaristic theory of action）の誕生を宣言するという、あまりに壮大な野心作であるとともに、パーソンズの社会学の礎となった大著です。

1　行為論の実証主義的伝統

　すでに触れたように、パーソンズは 20 世紀初頭に、それまでのヨーロッパの思想と学問（経済学と社会学）を「行為の理論」という視点から総括して、新しい社会学（主意主義的行為論）の誕生を宣言しようとします。17 世紀以来の、これまでの学問の伝統は、行為論の観点から、実証主義 positivism と理想主義（観念論）idealism に大別されます。前者（実証主義）は、トマス・ホッブズ、ジョン・ロックから始まり、18 世紀のアダム・スミスを経て、19 世紀後半に「限界革命 Marginal Revolution」と呼ばれる理論的革新によって登場する新古典派経済学（近代経済学）——パーソンズが取り上げるのはアルフレッド・マーシャル Alfred Marshall（1842-1924）とウィルフレド・パレート Vilfredo F. D. Pareto（1848-1923）——までを含むとともに、何よりも社会学の基礎を築いたエミール・デュルケーム（1858-1917）がその代表者と考えられています。そして後者の理想主義（観念論）の伝統は、18 世紀のイマヌエル・カント Immanuel Kant（1724-1804）からヘーゲル Georg W. F. Hegel（1770-1831）を経て、デュルケーム

と並んで社会学の基礎を築いたマックス・ウェーバー（1864-1920）が
その代表者と考えられています。

　パーソンズは、この二つの伝統を「行為の理論」としてとらえるの
ですが、その中身に入る前に、まず理論 theory とはいったい何なの
かということを見ておきましょう。理論と聞いただけで拒否反応を
示さないでください。理論なんて、とても身近なものですから。た
とえば、日常的な例としては、「血液型が A 型の人は真面目な性格」
とか、「休日の朝の電車は空いている」とか、「夕焼けのつぎの日は晴
れ」とか、何らかの事実（どういう性格か、空いているか混んでいるか、
晴れか雨か）を説明したり予測しようとするものです。正しいかどう
かはともかくとして、私たちは普段からたくさんの「理論」を使っ
ています。科学的な例としては、「アメリカ合衆国では都市部ほど民
主党が強い」（政治学あるいは社会学）とか、（ちょっと難しいけど）「限
界効用 marginal utility は低減する」（経済学）とか、「認知的不協和
cognitive dissonance はそれを低減させる力を生む」（心理学）などが
あります。で、もし理論が事実を正しく予測できない場合、理論は修
正されたり、破棄されたりして、より説明力・予測力の高い理論が求
められ、うまくいけば、新しい理論があらわれてきます。

　行為の理論に戻りましょう。実証主義的理論も理想主義的（観念論
的）理論も、事実についての正しい予測ができないために、修正が行
われ、新しい行為の理論（主意主義的行為論）が登場しつつある、収斂
しつつある、というのがパーソンズの主張です。

　さて、実証主義の行為論は、基本的に、行為を外的な条件への「適
応 adaptation」と考えます。たとえば、寒いから外出しない、値段が
安いから買う、本が難しいから読まないなど、たしかにそういうこと
はあるけれど、何か主体的でないというか受け身というか投げやりな
感じがしますね。明らかに人間の行為はこれだけでは説明できない。

そこで実証主義のなかから、功利主義 utilitarianism という分派のようなものが出てきます。功利主義の特徴は何かというと、たしかに効用 utility（幸福、快楽）を求めるから功利主義なのですが、そのことよりも、効用を求めて「選択する select」と考えるところが、じつはとても重要です。寒くても楽しいことがあるなら外出するし、値段が安くてもよいものでなければ買わないし、難しくてもためになるのなら本を読む、というように受け身ではなく、主体的に「選択」すると考えます。たしかにその通りですね。こちらの方がより事実を的確に説明・予測しているように見えます。

　ところが、事実をうまく説明しているように見える功利主義の行為論も大きな壁にぶつかります。みんなが自分の効用（幸福、快楽）を求めて行為を選択したらどうなるでしょう。限られたものをみんなが自分のものにしようとして争いになりますね。それを大げさに表現してみせたのが、第1章で取り上げた17世紀の思想家、トマス・ホッブズで、「自然状態」は「万人の万人に対する戦争」だと言った。ホッブズは、そこから国家（リヴァイアサン）の必然性を導き出そうとしたのですが、パーソンズはちょっと違います。かれは以下のように考えます。功利主義の行為理論によって事実を予測するなら、「万人の万人に対する戦争」になるはずだ。だがしかし、現実（事実）をよく見れば、たしかに争いは絶えないけれど、「万人の万人に対する戦争」と呼べるような状態は、少なくとも人知のおよぶかぎりでは、聞いたこともない。だから功利主義の行為理論は事実をうまく説明・予測できない、修正が必要だ、と。

　もちろん仮にホッブズがそんな批判を聞いたら、まったく納得しないでしょう。国家（政治的支配、共通の権力）がすでにあるからそうなっているだけにすぎないね。国家がなければ戦争状態になっているはずだよ。何を言っているんだ、とね。もしホッブズがそんな反論を

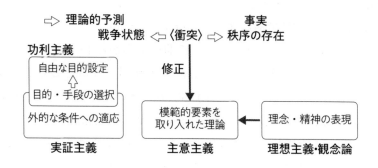

図 4　主意主義的 voluntaristic 行為論の生成

すれば、パーソンズもきっと再反論するでしょう。たしかにそうか
もしれないが、だからといって国家は力（暴力）だけでひとびとを支
配することはできないし、そもそもそれでは支配は長続きしない。
大事なのはひとびとが国家（政治的支配、政治的権力）を正当なものと
認めるとか（ウェーバー）、そこに何か道徳的な権威（デュルケーム）の
ようなものを感じるとか、要するに何か「規範的 normative な要素」
がなければならないということ、逆に言えば、国家が必要かどうかで
はなく、事実として秩序が成立している以上、そこには何らかのかた
ちで規範的要素がはたらいているはずで、正しい行為理論は、そのこ
とを考慮に入れたものでなければならない。功利主義の行為理論に
はそこが欠けているんだ。だから、それを修正したのが主意主義的
voluntaristic 行為論だ、どうだ参ったか、と言ったかどうか……。

2　行為論の理想主義的／観念論的伝統

　ところで、規範的要素なるものは、じつはもともと理想主義（観念
論）の伝統のなかでは その中核に位置づけられてきたものです。理想

主義（観念論）の伝統を正しく理解するのは容易ではありませんが、18 世紀の大哲学者であるカント Immanuel Kant (1724-1804) にちょっとだけ登場してもらいましょう。17 世紀後半から 18 世紀のヨーロッパは、いわゆる「啓蒙 Enlightenment」の時代です。そこでは、あらゆるものごとが、考える、批判する、疑うといった（神ではなく）人間の能力である「理性 reason（英）/ raison（仏）/ Vernunft（独）」という光（法廷）のもとで吟味される時代です。しかしあらゆるものごとが、理性による吟味の対象になるので、それを徹底しようとすると、理性それ自身もまたその例外ではなくなってしまいます。たしかに理性もまたときとして、誤謬に陥ったり、見せかけの真理をつくりだしてしまうことがある（フランシス・ベーコン）。だから頼りになるのは、経験 experience（によってはっきりと確認できる事実）だけしかない。経験科学 empirical science（自然科学に代表される経験にもとづいた科学）こそが王座に着きます。これが啓蒙思想の英国風のバージョンで、パーソンズの言う実証主義の伝統ということになります。

　それに対して、カントはだいぶ違ったアプローチをとります。理性はたしかに間違うことがあるというか、そもそも理性はとんでもない二律背反（アンチノミー）を背負っているとされます。ただ、どうしてそうなるかというと、それは理性それ自身を理性による吟味の対象としてしまうからだ、そんなことをしてはいけない。それでは啓蒙の徹底性に反するではないかと思うかもしれませんが、そうではありません。たしかに理性は、私たちが何ごとかを経験することを可能にしているが、理性それ自体は、経験の対象ではないからです。それは、経験の対象と同じように扱うことはできません。それは理念的 ideal な対象であって、経験的なものではない。だから因果的なものでもない。それが存在する領域は道徳と自由の領域なのです（英知界）。

　ちょっと難しいですが、たとえば（音声や文字としての）ことばは、

意味（概念）――これはカントの言う理念的なものに近い―― をもっていて、それによって私たちは世界を意味ある世界として経験できます。ところが、ことばの意味や概念は、ことばの音声や文字には還元できないというか、音声や文字をいくら分析してもそこから意味や概念は出てきません。意味や概念は、どうも音声や文字といったものの世界とは違う世界に属しているかのように見えますね。理念的な対象を経験的な対象と同じように扱ってはいけないというのは、そういうことです。

　カントが言っているのは、要するに経験的世界のほかに、経験的世界を「現象」として可能にしている、理念的な対象の世界があるということです。理念の世界には現象の世界のような因果的な関係はありません。行為の問題は自由や道徳の問題であって、それは基本的にこの理念の世界の問題になります。だから因果的には考えられない。実証主義では理解できないということです。

　このような理念的なものの領域、人間の行為に特有な、理念的なもの、意味的なもの、それはしだいに「精神 Geist（独）/spirit（英）」ということばで表現され、それが行為に対して果たす役割は、因果的なものではなく、規範的なものとされていきます。さらにそれはヘーゲルの壮大な歴史哲学まで行き着くと、人間の歴史が共同体的「精神」の形成、発展するプロセスだとみなされ、行為はそうした「精神」の表現にほかならないと考えられるようになっていきます。

　マックス・ウェーバーが「資本主義の精神」という言い方をするのも、そういう背景があってのことです―― もちろんウェーバーはヘーゲル流の歴史哲学に与するわけではまったくありませんが。ウェーバーもまた、ひとびとがある理念的なものに徹底的にしたがう努力をすること（因果的ではなくて規範的ですね）が資本主義の発展という歴史的現象を説明するものと考えたと言ってもよいと思います。

理念的なものと現象的なものを因果的にではなく、規範的なはたらき
として結びつけているわけです。それは正しいですね。

3　実証主義と理想主義の総合 ── デュルケームとウェーバー

　パーソンズの議論は、実証主義と理想主義（観念論）の総合とはい
うものの、実質的には功利主義の行為論が修正されて主意主義的行為
論へ発展するという道筋の方がだいぶ太く扱われています。それはた
ぶん、功利主義の本家本元の経済学が 19 世紀後半以降に新古典派経
済学（近代経済学）として大きく発展したということと関係があるで
しょう。そのような経済学的な思考に対して、社会学的な要素を強調
し、それをつけ加えていこうとする動機がかなりはたらいているので
はないかと思います。アルフレッド・マーシャル、そしてウィルフレ
ド・パレートという二人の経済学者が、デュルケームやウェーバーと
並んで議論されているのは、そういう文脈があるからだと思います。
　さて、規範的要素(社会的に共有された価値要素)なるものが、行為に
とって決定的に重要であるというのがパーソンズの行為論の最重要ポ
イントなのですが、その規範的要素が行為に対してどのような関係に
あるのか、もう少し精確に言えば、規範的要素が、行為に含まれる他
の諸要素とどのような関係にあるのかを明らかにすることが、主意主
義的行為論の主要な課題となっていきます。そしてそのときに、デュ
ルケームとウェーバーの議論が果たす役割はとても重要であり、かつ
対照的な位置にあります。
　まずは、デュルケームの場合から見ていきましょう。すでに第 4 章
で述べたように、デュルケームは「集合意識」（『社会分業論』）や 社会
的規制（『自殺論』）といった社会の力、道徳規範の力がひとびとの行
為の可能性を制約する、制限するという側面に注目していました。い

わば行為の「ブレーキ」として、社会の力、道徳規範の力を見ていたことになります。というか、私たちはデュルケームの議論をそのように理解しました。ただし、パーソンズの見方は少し違います。パーソンズから見れば、デュルケームは実証主義的な行為論の立場から、しだいに主意主義的な方向へと向かっています。実証主義的な行為論には、厳密に言えば、規範的な要素の居場所はありません。では、デュルケームはいかにして、社会の力や道徳規範の力を実証的な枠組みのなかに導入していったのでしょうか。結論から言えば、規範的要素は、直接的に何が望ましいのか、何を目指すべきなのかというかたちで、行為者の内側から、行為の目的として行為を駆動する（直接行為要素アプローチ）のではなく、むしろあくまで行為者の外側から条件づけるもの、行為者が適応しなければならない外的な制約として扱われている（制度アプローチ）と、パーソンズは考えます。それは直接的に規範として行為者を導くわけではありませんが、それでも外的な制約も規範的な判断とは無縁ではないので、いわば間接的に影響を与えているわけです。

　というわけで、行為の「ブレーキ」という、私たちの見方と、制度アプローチという、パーソンズの見方がどのように違うかを少し考えてみてください。ブレーキ（抑制）かアクセル（促進）かという、私たちの見方は、規範的要素が与える影響の方向性の区別であるのに対して、パーソンズの区別は、規範的要素がどのようにして影響を与えるのか、その仕方の区別になっています。パーソンズから見れば、規範的要素としての制度はブレーキとしてもアクセルとしてもはたらくことがありうるし、逆に言えば、行為の内側から規範が作用する場合も、アクセルだけでなくブレーキの場合もありうるということになるでしょう。このズレをどう考えるかは、つぎの理想主義（観念論）の代表として登場するウェーバーの議論のところで述べます。たしかに

デュルケームがしだいに理想主義的立場に接近していったというパーソンズの仮説には一定の説得力がありますが、それでもやはりある枠組みから外れないようにする、抑制するはたらき、つまりブレーキの側面に注目しているのは変わらないと思います。

　では、ウェーバーの場合を見ていきましょう。ウェーバーは、世俗内禁欲という（集合的に共有された）理想や目標が、ひとびとに対してとても強い心理的な駆動力を可能にしていく、社会（あるいは集団）の理想や目標が、行為の可能性を産出していく側面に注目しました。いわば行為の「アクセル」として、集合的・社会的に共有された理想や目標を見ていたことになると第5章で述べました。

　ここでもパーソンズの見方は少し違います。パーソンズは、ウェーバーが注目した側面を、行為者をその内側から自発的に、一定の方向へ導き、引っ張って行く側面、かれはそれを厳密な意味で「規範」的な側面と呼びますが、そのようなものとして理解していきます。つまりここで問題なのは、ウェーバーが明らかにしようとした側面、つまりひとびとがある方向に向けて、過剰とも思われる強度で駆り立てられていく、そのような側面が、はたして「内面化された規範」ということで、どこまでうまく説明できるのかということです。ウェーバーが問題にしたのは、やはり強度なのです。その一部はたしかに「強い」信仰心、つまり内面化 internalization によって説明可能かもしれませんが、そのように見えるのはむしろ結果であって、救済についての強い不安、それを通した過剰なほど一貫した、徹底的な態度という側面を見ていかないと説明できない。たぶん、その強度という部分は、少なくとも内面化だけでは説明できないのではないかと思います。パーソンズの区別の仕方が間違っているとはもちろん思いません。ただ、ウェーバーが明らかにしようとした側面が、はたして内面化ということで説明できるかというと、そうではないのではないかと

いうことです。この点は、また第10章でも扱うつもりです。

4　主意主義的行為論の展開

　パーソンズの主意主義的行為論の中身をあらためて図式的にまとめてみましょう。それは、ひとことで言えば、社会の最も基本的な単位 unit を行為と考え（単位行為 unit act）、それを4つの「分析的要素 analytical elements」（規範 norm、目的 end、手段 means、条件 condition）から成るシステム system であると考えます。

　ちょっとピンとこないかもしれませんね。個人が社会のなかで、何かをする以上、それはかならずこの4つの要素を含んでいるはず、含んでいなければならないということです。物体の運動を記述するためには、時間と空間という枠組みが必要で、物体がいつ、どこに存在するかが特定されなければなりません。それと同様に、行為を記述するためには、どんな規範がはたらき、どんな目的に向けて、どんな手段が選ばれ、どんな条件のもとでそれが行われたかを特定しなければならないというわけです。行為を記述するための枠組みが「行為の準拠枠 action frame of reference」と呼ばれ、この枠組みは4つの要素（規範、目的、手段、条件）から構成されているとされます。

　じつは、パーソンズが「行為システム system of action」（「社会システム social system」はその一部であるとされます）と呼ぶのは、この記述のための枠組みのことです。ということは、「行為システム」とか、「社会システム」と呼ばれているのは、分析者／社会学者が分析のために（勝手に）つくり上げた概念図式にすぎないのではないか、という疑念が生じてきます。かれは「分析的リアリズム analytical realism」と称して、それがたんなる概念図式ではなく現実に存在すると主張しますが、やはりどうしても分析者／社会学者の押しつけ感が否めない

ところがあります。

　それはともかく、まずは４つの分析的要素から見ていきましょう。図５を見てください。「公務員試験対策のための予備校に通う」という例を考えましょう。この場合は、たぶん目的は「公務員になる」で、その手段として「予備校に通う」ということでしょう。目的と手段ははっきりしていますが、それ以外の要素も関係しています。公務員になるという目的には、「安定した職業につくべき」とか、「専門的な能力をいかすべき」とか、「社会に貢献すべき」といった「規範」がはたらいているでしょうし、はたまたそれらとは相反する「規範」、たとえば「自由な生き方をすべき」とか、「経済的に成功すべき」といった「規範」もどこかで頭をかすめたかもしれません。社会には対立したり矛盾したりする、さまざまな価値や規範があります（ウェーバーはそれを「神々の闘争」と表現しました）。私たちはそこから選択をしているわけです。さらに予備校に通うにしても、お金もかかるし、あくまで大学の授業と両立するようにしなければならない。すべてが自由になるわけではありません。それなりの与えられた条件のもとで考える必要があるわけですね。だから、個人が社会のなかで行為する以上、目的と手段だけではなく、規範や条件がかならずかかわっているはずだし、いなければならないというわけです。

　さて、規範、目的、手段、条件の間の関係について、もう少しくわしく見ていきましょう。この行為というシステムのコアとなっているのは、目的と手段です。ある目的を設定して、その目的を達成するための適切な手段を選択するということ、これは功利主義的な行為モデルそのものです。やはりそれが主意主義的行為論の中核にあります。ただし、その目的の選択、および手段の選択に関して、一定の制約がかかっているということ、とくに「規範（的要素）」による制約があるということが、功利主義的行為論にはない、主意主義的行為論の特徴

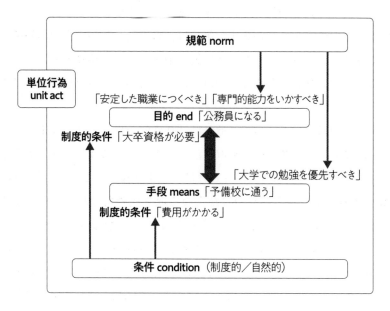

図5　単位行為と分析的要素

であるということになります。目的の選択といっても、どんな目的で
も選べるわけではありません。たとえば、有名になりたいという目的
は普通であれば、健全な向上心のあらわれと見られますが、場合に
よっては、虚栄心のあらわれとして非難されるかもしれない。そして
その境目がどこにあるかは、それぞれの社会の文化によって違ってく
るでしょうし、時代によっても異なるでしょう。手段の選択に関して
も、同様にいろいろな制約があります。有名になるためには手段を選
ばず、というわけにはいかない。このように、目的や手段の選択に対
して、「社会的な望ましさ」という観点から制約を加えているものが
「規範」と呼ばれる要素です。くり返しますが、この要素があること
が、功利主義的行為論にはない、主意主義的行為論の特徴です。
　じつは、規範という要素だけではなく、条件という要素もまた、目

的や手段の選択を制約しています。条件という要素には、大別して二種類のものが含まれています。第一は、自然的あるいは生物学的条件とでも呼びうるもので、たとえば遠隔地まで一瞬で移動することはできないとか、睡眠をとらないわけにはいかないといった類の制約ですね。

　大事なのは第二のもので、それは「制度的条件」と呼ばれます。それは制度的に、つまり約束や取り決めによって、こうしようと決めたもの、一般に「ルール（規則）」と呼ばれるようなものです。たとえば、60点未満は不合格というのはたんなる取り決めだけれど、勝手に変えるわけにはいかないし、消費税の税率もたんなる取り決めだけれど、払わないわけにはいかない。行為者の観点から見れば、したがわざるをえないものなので、「条件」に分類されるけれども、社会全体の観点から見れば、どうしようもないものではなくて、「社会的な望ましさ」の観点から選択されているのですね。取り決めとはそういうことで、だから変更が可能なわけです。

　では、規範と制度的条件（規則）はどう違うのでしょう。どちらも「社会的な望ましさ」につながっているけれど、行為者の観点から見るとだいぶ違うものというか、正反対のもののようにも見えてしまうというところがポイントですね。

　規範というのは、行為者から見て、内側から自発的に導かれるもので、外側からの制約とは感じられないものを指します。それとは対照的に、制度的条件（規則）は、条件ですから、外側からの制約と感じられるものです。両方とも、最終的には社会的な望ましさの基準、社会的に共有された価値要素につながっているのですが、一方でそれが完全に個人のなかに取り込まれている場合は、それに内発的にしたがうわけで、外側からの制約とは感じられません。他方で、個人のなかに取り込まれず、あくまで制度的条件として、つまり行為者に対して

外側からの制約としてはたらく場合があるということです。

　ですから、規範なのか制度的条件なのかはあらかじめ決まっているわけではなく、行為者の態度によって違ってくることになります。ある望ましさの基準に対して、道徳的義務の態度 attitude of moral obligation（それ自体としてしたがわなければならないとする態度）をとる場合、それは規範であり、利害関心的態度 attitude of interests（利害得失の観点からしたがうかどうかを判断する態度）をとる場合、それは制度的条件（規則）ということになります。

　いずれにしても、規範という要素が決定的に重要な位置にあるのは間違いありません。（文化システムに含まれる）規範は、一方で行為者の「パーソナリティ・システム」に内面化されて、直接的に目的や手段の選択を制御すると同時に、他方で間接的に、つまり制度的条件を通して、単位行為のシステムを制御しています。後者の場合は、「サンクション sanction」と呼ばれる、他者からの反作用（評価と賞罰のことで、肯定的評価と利益が生じる場合を「正」のサンクション、否定的評価と不利益が生じる場合を「負」のサンクションと呼ぶ）によって、「ルール（規則）」にしたがうことが動機づけられます（規範の「社会システム」への制度化）。直接的な制御か間接的な制御か、それはちょうど理想主義（観念論）の行為論（ウェーバー）か、それとも実証主義の行為論（デュルケーム）か、の区別と重なりあっていることは言うまでもありません。

　以上見てきたように、パーソンズの「主意主義的行為論」のポイントは、単位行為を４つの要素からなるシステムとしてとらえるということ、なおかつその要素間には、基本的に規範と目的という理念的要素が、手段と条件という状況的要素を制御 control するという関係があること、この二つであると言ってよいでしょう。

　その後、パーソンズは、複数の行為の集まりである社会を、再びひとつの「行為システム」（あるいはその部分としての「社会システム」）として記述していこうとします。単位行為に不可欠な分析的要素は、システムの「機能的用件 functional requisite」（システムを維持するために果たさなければならない機能／はたらき）へと大きく衣替えされていきます。それは、適応 adaptation、目標達成 goal attainment、統合 integration、潜在的パターンの維持 latent pattern maintenance と呼ばれ、AGIL 図式とか、4 機能パラダイムなどと呼ばれていきます。この4機能は、もちろん単位行為の4つの分析的要素と同じではありませんが、単位行為では、規範から目的、手段を経て条件へと至る要素間の制御関係が想定されていたのと同様に、行為システムの機能的用件の間にも、L（潜在的パターンの維持）から I（統合）と G（目標達成）を経て A（適応）に至る制御の関係が想定されていることは共通しています。

　単純化のそしりをおそれずに言えば、主意主義的行為論で展開された単位行為のシステムは、その後、複数の行為を含むはずの社会システム（さらに行為システム）へとそのまま拡張されていったと言えるのではないかと思います。したがってパーソンズは、終始一貫、人間の行為（単独であれ複数であれ）を記述するための一般的な枠組みをつくり上げようとしていたとも言えるでしょう。そう考えれば、かれの現実社会から距離をとった態度もある程度理解できるかもしれません。ただ、すでに触れたように、かれの言う行為システム（その一部としての社会システム）は、そのような分析者／社会学者による記述の枠組みを、あたかも現実世界にそのまま存在するかのように投影したも

のにすぎないのではないかという疑念に、再度注目しておく必要があります。というのも、第7章以降で見るように、当の現実世界を生きるひとびとの視点から、パーソンズの社会学に向けられていくことになる不信感の根源にあったのは、このような疑念であったと考えられるからです。

タルコット・パーソンズ（Talcott Parsons）の生涯

1902.12.13	コロラド・スプリングズ（アメリカ合衆国）に生まれる
1924 (22)	アマーストカレッジ（マサチューセッツ州）卒業
1925-26 (23-24)	ハイデルベルク大学へ留学
1927 (25)	ハイデルベルク大学より博士号（社会学・経済学）
1927	ハーバード大学講師（経済学、後に社会学）
1936 (34)	同大学助教授（1939より准教授、1944より教授）
1937 (35)	『社会的行為の構造』
1949 (47)	アメリカ社会学会会長
1951 (49)	『行為の総合理論をめざして』『社会システム』
1964 (62)	『社会構造とパーソナリティ』
1969 (67)	『政治と社会構造』
1978 (76)	関西学院大学に招聘（3カ月間）
1979.5.8	77歳でミュンヘンにて没

参考文献

タルコット・パーソンズ『社会的行為の構造』木鐸社（1974-89：原著1937）
───（倉田和四生編訳）『社会システムの構造と変化』創文社（1984）
　　　［パーソンズが1978年に関西学院大学大学院社会学研究科で行った授業を翻訳したもの］

第7章

シュッツとベッカーを読む
──『社会的世界の意味構成』と『アウトサイダーズ』

　この章では、アルフレッド・シュッツ Alfred Schütz (1899-1959) の現象学的 phenomenological 社会学と、ハワード・ベッカー Howard Becker (1928-) のレイベリング / ラベリング labeling 理論を取り上げます。

　パーソンズの社会学は、19 世紀末に社会学という新しい学問を開拓した二人の偉大な先駆者、デュルケームとウェーバーの業績を総合するとともに、さらに独特な社会システム論（本書では本格的には扱いませんでしたが）を展開して、20 世紀の中頃まで、世界の社会学をリードしました。

　かれの社会学のコアにあるアイデアは、主意主義的行為論に明確にあらわれているように、社会の力である規範的要素がいかにしてひとびとの行為を統制し、社会というシステムに安定と秩序をもたらすかというものでした。そしてこのようなアイデアは、まさに 20 世紀中頃までの資本主義社会のあり方、大量生産と大量消費の循環構造であるフォーディズム Fordism 体制の社会と、そこで求められる個人にぴったりと当てはまるような社会学であったと言えるでしょう。この時代、ひとびとはフォーディズム体制の社会の求めに応じて、大量の規格化された、あるいは画一的な労働者そして消費者になる必要があったし、そのことを通してはじめて、社会は安定と秩序と繁栄を手に入れることができたからです。

　しかし 1960 年代も後半になってくると、フォーディズム体制にも
かげりが見えてきます。最終的には、(73 年のオイルショックを決定的
な契機として) 70 年代の半ばをすぎると、資本主義体制そのものが生
き残りをかけてポスト・フォーディズム体制へと移行し、新自由主義
Neo-liberalism 的な政策への転換は、今日に至るまで、多くのひとび
とを苦しめることになっていきますが、当初はひとびとの側もまた、
フォーディズム体制のありきたりの単調さにうんざりしていたような
ところがあったような気がします。学生運動やカウンターカルチャー
の時代が到来するとともに、パーソンズの社会学は急に古臭くて体制
順応的な理論として色あせていきます。パーソンズのアイデアを批判
して、新しい社会学のパラダイムをつくり出そうとする時代へと急速
に変化していきます。

1　アルフレッド・シュッツの現象学的社会学

　新しいパラダイムづくりには、さまざまな試みがありましたが、
その先頭ランナーは、やはりアルフレッド・シュッツの現象学的社
会学であったと言ってよいでしょう。ただシュッツ自身は、パーソ
ンズとほぼ同時代のひとですし (パーソンズよ
りも 3 年早く生まれています)、主著である『社
会的世界の意味構成』は 1932 年、パーソンズ
の『社会的行為の構造』よりも 5 年も早く出版
されていますし、パーソンズより 20 年も早く
亡くなっています。シュッツとパーソンズの間
には、シュッツがアメリカ合衆国へ亡命して間
もない 1940 年から翌年にかけて、行為概念を
めぐる、とても重要な論争的な往復書簡が交わ

Alfred Schütz
(1899-1959)

されていますが、それは私的なやりとりのままで終わり、公刊され注目されたのは 1970 年代後半になってからです。つまり、シュッツのオリジナルな研究業績は、パーソンズと同時代あるいはむしろやや先行しているのですが、それが注目されたのは、パーソンズの社会学に対する疑問や批判が強くなった 1960 年代であったということです。シュッツの業績は、1960 年代に新しい社会学を求める研究者たち（たとえばピーター・バーガー Peter L. Berger とトーマス・ルックマン Thomas Luckmann『現実の社会的構成』1966 年）に注目され、主著である『社会的世界の意味構成』が英訳され（1967 年）、多くの社会学研究者をひきつけていきました。したがって、当時、新しい社会学を求める若いひとびとが、シュッツの業績をいわば発掘するかたちで再利用しようとしたという側面が強くあったというわけです。

　現象学 Phenomenology というのは、エドムント・フッサール Edmund Husserl（1859-1938）という哲学者を祖とする哲学の一流派で、カントの流れをくむ観念論哲学／意識哲学の系譜ですから、簡単に言えば、あらゆる対象は（現象として）意識（超越論的主観性）によって構成されると考える立場です（意識の構成作用とともにあり、それを支える基盤である「生活世界」については、第 9 章で取り上げます）。シュッツは、現象学的な立場にたち、経験の対象／意味は、意識（主観性）が自らの過去の経験へと回顧的まなざしを向けることを通して構成されると考えていきます。

　そこで、シュッツがまず問題にするのは、マックス・ウェーバーの行為の概念です。ウェーバーは、社会学が研究対象とするのは、人間のあらゆる行動 Verhalten（独）/behavior（英）ではなく、かれが「社会的行為 soziales Handeln（独）/social action（英）」と呼んだものに限られると言います。まず行動というのは無定義で、人間の行いすべてを含みます。で、そのうち行為 Handeln/action と呼ばれるのは、行

為者自らが「主観的意味 ein subjektiver Sinn を結びつける」場合だと言います。つまり「行為」とは、何気なくしてしまう行動や反射的な行動は含みません。あくまで、自覚的で意図的な行動を指します。そうでなければ、動機とか、目的とか、責任とか、そういうものが問えませんから、まあ当然ですね。さらに「社会的」という場合は、その動機とか目的に「他者」がかかわっている場合です。たとえば、このあいだ意地悪をされた仕返しとか、名宛人に到着することを予想して手紙をポストに入れるとか。まあ、とてもこまかくて形式的な気はするけれど、間違ったことは言っていない感じがしますね。

　ただ、シュッツにはどうしても気になることがある。それは「主観的意味を結びつける」というウェーバーの言い方です。どうも気になるし、気に入らない。それでは意味と行為は別々のもので、だから結びつけたりつけなかったりするということになってしまいますね。シュッツが言いたいのは、意味と行為は別々ではない、もっと言えば、そこに行為があるということと、行為に意味があるということは同じことだと言いたいのです。

　いったい何が問題なのかがよくわからないかもしれません。そこで、少し遠回りをして、ことばを例にして説明しましょう。まず、ことば（記号）は、音声や文字というシニフィアン（意味するもの）の側面と、意味や概念というシニフィエ（意味されるもの）の側面をもっていますが、大事なことは、この両側面は、もともと何か別々のもので、たまたまそれらが結合したというわけではなくて、もともとそれらは一体であるということです。たとえば、日本語の（音声あるいは文字としての）「木」も、英語の（音声あるいは文字としての）「tree」も、同様に（意味あるいは概念）としての「木／tree」を意味していて、たまたま日本語では「木」という音声あるいは文字になり、たまたま英語では「tree」という音声あるいは文字になっているだけだというよ

うな（しかもそれをことばや記号の「恣意性」と混同するような）、記号論などと称する、いっけんもっともらしい主張は、まったく間違っています。実際のところ、日本語の「木」の意味や概念と、英語の「tree」の意味や概念がぴったり重なりあうものではないことは、中学生でも知っていますね。机の材料としての木は wood であって、tree ではない。だから英語で「この机は tree でできている」とはけっして言わない。それは小さな例外などではなく、ことの本質です。「木」の意味や概念と「tree」の意味や概念は同じではないのですから、同じ意味や概念と違う音声や文字がたまたま結びついているのでないことは一目瞭然。音声や文字としての「木」や「tree」は、異なる意味や概念とそれぞれ一体化しているということです。音声や文字と意味や概念は、同じものの異なる側面にすぎません。切り離すことのできる別々のものではないのです。

　ことばに意味があるのと同じように、行為にも意味があるわけですが、ことばの意味と同様に、そこに身体動作のようなものとしての行為と、意味や概念としての行為が別々にあって、それらが結びつくわけではありません。はじめから両者はひとつなのです。シュッツがこだわっているのは、ウェーバーの言い方は、まさに動作のようなものとしての行為と意味としての行為があたかも別々にあって、結びついたり結びつかなかったりするかのような、誤った印象をもたらしてしまうということです。行為と（行為の）意味は別々のものではないし、結びついたり結びつかなかったりするものではありません。行為と(行為の）意味は一体、ひとつだということです。

2　行為の構成の問題 —— シュッツとパーソンズの違い

　では、一体である行為／意味は、どのようにしてあらわれてくる

のでしょうか。まず前提として、人間の行動はもともと連続的・流動的で不定形なもの（始まりと終わりがはっきりしないもの）であると考えます。別に人間はみんなもともとはだらしがないとか、ふらふらしていると言っているのではありません。アンリ・ベルクソンHenri-Louis Bergson（1859-1941）という哲学者の「意識の流れ＝持続durée」という考えにもとづいて、分割・区別される前の連続的な意識の流れがまずあると考えるわけです。そして、そのような連続的で不定形な流れが分割され、区別されてあらわれてくるのが、まとまり＝意味なのです。ついでに言っておくと、だから意味とは、時間であり、時間を区切ることなのです。

　で、意識は過去を回顧的に振り返り、そこから始まりと終わりをもつ、ひとつのまとまり（unity/ unit）として、つまりある行為／意味（しかじかの類型としての行為／意味）を切り出してきて、今度はその行為／意味をこれから行うことを意図、つまり未来に向けて投企projectします。

　たとえば、先週はじめて図書館で「論文をコピーした」ことを思い出し、今これからまた同じことをしようと意図、投企するわけです。この場合は、ひとつのまとまり（unity/ unit）としての行為／意味は、「論文をコピーする」以外の何ものでもありません。シュッツが言っているのは、とても単純ですが、とても基礎的なことです。行為の意味というと、行為に何か特別な意味を込める（結びつける）といったことを想像するかもしれません——感謝を込めるとか、恨みを込めるとか。もちろんそうしたことがあるのは事実ですが、仮に特別な意味を込めるとしても、そのためには、まずは（意味を込められる）行為が明確な輪郭、まとまり（unity/ unit）をもった行為／意味としてあらわれていなければならないわけです。そういういわば基底的なところで、まずは行為／意味をきちんととらえなければならないということ

97

です。

　だとすると、行為の意味を決めるのは、もちろん行為者自身しかありえません。それを見ている観察者、なかでも科学的・客観的な観察者である社会学者といえども、その行為の意味、つまりあるひとがいったい何を行っているのかを決定する権限はありません。そのひとは「大学に行った」のでも、「図書館に行った」のでも、「図書館でコピーカードを買った」のでも、「コピー機に並んだ」のでもありません。そのすべては間違いではないかもしれないけれど、やはり厳密には違う。そのひとがいったい何を意図し、投企 project していたのか、これこそが決定的に重要だということになります。

　すると科学者／社会学者の仕事は、直接に行為の意味を決めることにあるのではなくて、むしろ行為者がどのようにして行為の意味を決めるのかを間接的にとらえることにあるということになってきます。

　何かとてもこまかい話を延々としてきた感じがするかもしれません。たしかにこまかい話なのですが、これによってシュッツとパーソンズの基本的な考え方の違いが明らかになるはずです。シュッツによれば、行為というひとつのまとまり（unity/ unit）＝意味、つまりその行為がいったい何であるかを決定しているのは行為者 actor 以外にはありえません。もう少しくわしく言えば、行為者の「意図 intention」の時間幅がそれを決めています。

　パーソンズの場合も、規範にしたがい、目的や手段を選択する行為者が前提とされているので、行為者の視点（主観性）はもちろん含まれてはいるはずなのですが、たとえば、図書館で「論文をコピーする」という「目的」には、「よい卒論を書く」というより上位の「目的」があり、その先には「よい就職をする」というさらに上位の「目的」が……、そして最終的にはその社会の究極的な目的／価値につながるというように、勝手にというか社会学的にというか、行為者の視点を超

えて社会全体へと組み込まれてしまうところがあります（だから社会システム論なのですが）。行為の意味は、いつの間にか、行為者の視点を超えて、それを客観的に観察する科学的／社会学的な視点へと横滑りを起こします。結局のところ、「単位行為」（その行為がいったい何であるか）を最終的に定義づけ、決定しているのは、それを客観的に観察する社会学者の視点であるということになってしまうわけです。

　パーソンズの社会学は、行為者の主観性にもとづいているように見えながら、いつの間にか、それを超えた客観的な観察者の視点、社会学的な視点、社会全体の視点が、行為者の視点を凌駕していくようなところがあって、ひとりひとりの行為者（当事者）の多様な視点がないがしろにされてしまう傾向がたしかにありました。社会全体の秩序と安定こそが繁栄をもたらしたフォーディズム体制の時代ならともかく、その体制がかげりだすとともに、それに不満を感じ始めた時代にあっては、社会全体の統一的な視点よりも、ひとりひとりの行為者（当事者）の多様な視点に重点が移行していったのは、当然の成り行きだったのかもしれません。

3　レイベリング理論

　つぎに取り上げるのは、レイベリング labeling 理論の確立に貢献したハワード・ベッカーです。
　ベッカーは、逸脱のレイベリング理論で有名ですが、他方で若いころからジャズ・ピアニストとして活動していて、それがダンス・ミュージシャンたちの逸脱的文化の研究に生かされていたり、芸術家と支援者たちの共同的な営みとして「芸術界」を分析したり、はたまた論文指

Howard S. Becker
(1928-)

By Thierry Caro-Own work,
CC BY-SA 3.0

導のための本を書いたりと、なかなかの異彩を放っている社会学者です。かれは、20世紀初頭にまでさかのぼる、社会学のシカゴ学派（経済学のシカゴ学派とは違います）の系譜に連なるので、社会問題（シカゴ都市社会学の伝統）を研究対象として、しかも相互作用論的にアプローチするという伝統のなかにあります。相互作用論的アプローチというのは、ハーバート・ブルーマー Herbert George Blumer (1900-87) の「シンボリック相互作用論 Symbolic Interactionism」のことを指しています。ブルーマーは、ジョージ・ハーバート・ミード George Herbert Mead (1863-1931) の社会心理学を引き継ぎながら、ひとびとはものごとの意味に指向し、意味解釈をしながら相互行為を組み立てていると考える、シンボリック相互作用論と呼ばれる枠組みを提示しました。ですから逸脱行動（という社会問題）に対して、その行動を他者がどう見るかという解釈的なアプローチをするというのは、しごく自然な流れだったのかもしれません。

　そもそも逸脱行動 deviant behavior と呼ばれているのは、犯罪、非行から、売春、自殺、性倒錯、精神疾患までも含むことがある、かなりあいまいな概念です。それは何か「異常な」とか「道徳に反する」といったあいまいで差別的ですらある判断をそのまま受け容れてしまっているからなのですが、なかなかそのことが問題化されませんでした。逸脱行動の社会学的な研究は、そのような問題を含んだ、逸脱行動という概念をそのままにして、なぜ逸脱行動が起こるのか、その理由や原因を突き止めようとしていました。

　具体的には、道徳規範のゆるみによって逸脱が起こるとか、高い成功目標を文化的に与えられながら（アメリカン・ドリーム）、教育の機会など、目標達成のための手段が平等に与えられていないという構造的ストレーン strain（ゆがみ）によって逸脱が起こるとか（マートン Robert K. Merton (1910-2003) はこれを「アノミー anomie」と呼んで、

デュルケームの使い方とはだいぶズレているなどと批判されますが、精神はしっかり受け継いでいると思います。なぜならここでも逸脱は、少なくとも目標は社会が要求している目標であり、その意味で社会的に「正常な」行動だからです）、逸脱者の文化を学習しながら逸脱者になるのだとか、いろいろあります。

　いずれの議論もそれはそれで十分に面白いものばかりなのですが、たしかにそれまでの多くの研究は、逸脱行動の理由や原因の探求を急ぐあまり、多くの問題を含んだ、あいまいで差別的ですらある、逸脱行動の定義を自明視していました。それと同時に、あたかもそれらの行動の内に、何らかの逸脱性とでも呼びうる共通の性質が宿っていることを根拠なく想定してしまっていたことも事実です。

　ベッカーが問題にするのは、逸脱行動の研究にとって見過ごされてきた、そのような自明視された前提です。いったい逸脱行動と呼びうる行動は、どのようにして私たちの前に立ちあらわれてくるのでしょうか。そこには、法やその他の道徳的な規範に対する違反行為であるかどうかを判定する *judge*、多段階の複雑なプロセスがあることに注目しなければなりません。そして、たとえば少年非行の研究が明らかにしているように、人種や社会階層や場所などの違いによって、警察に連行されるかどうか、調書を取られるかどうか、裁判所でどんな審判を受けるかなど、判定のそれぞれの段階において、大きな違いがあるという事実を忘れるわけにはいきません。

　つまり、逸脱行動とは、単純かつ客観的に、法やその他の道徳的な規範に違反している行動である、などとはとても言えないわけです。違反しているかどうか、逸脱であるかどうかは、それを判定する複雑な社会的なプロセスのなかで決まり、しかもそのプロセスは公平かつ平等に進むとは限りません。さまざまなマイノリティは、はじめから不利な条件に置かれています。同一の行動がときに応じて逸脱とされ

たりされなかったりします。その人物がどんな人物かによっても、その判定は大きく左右されます。そこからわかることは、逸脱というのは、ある種の行動には存在し、別の行動には存在しないというような、行為に内在する性質ではないということ、そうではなくてその行為に対して反応するさまざまな行動を含んだ複雑なプロセスの産物であるということです。すぐに想像できる通り、これらの主張は、逸脱についてのデュルケームの見方（とくに初期）を引き継ぐものです。

　逸脱はそうした社会全体を含んだプロセスのなかで生み出されていく。あたかも社会がその内部から異物とみなした者たちを排除していくかのように、社会自身が逸脱と逸脱者をつくりだしているというわけです。ベッカーはつぎのように述べています。「社会集団は、これを犯せば逸脱となるような規則をもうけ、それを特定のひとびとに適用し、かれらにアウトサイダーのラベルを貼ることによって、逸脱を生みだすのである。この観点からすれば、逸脱とは人間の行為の性質ではなくて、むしろ他者によってこの規則と制裁とが『違反者』に適用された結果なのである。逸脱者とは、首尾よくこのラベルを貼られた人間のことであり、また逸脱行動とはひとびとによってこのラベルを貼られた行動のことである」。

4　定義主義アプローチの隘路

　レイベリング理論は、たしかに逸脱という、行為に内在する性質に見えるものが、じつはその行為の外側から、他者たちによって付与されるものであるということを明らかにしました。それはまさにシカゴ学派の二つの伝統（社会問題への注目と、シンボリック相互作用論の視点）がみごとに結合した成果と言えるでしょう。行為ないしは行為がかかわるものごとの意味は、相互作用とそこでの解釈プロセスによっ

て生成するということは、逸脱に限らず、あらゆる行為について多かれ少なかれ当てはまることです。ひとことで言えば、行為の意味、その行為がいった何であるかという問題は、残念なことに、当の行為者の内部では完結しない。その行為とかかわりをもつ他者の見方そして出方（反応 reaction）に対して開かれている、それを無視することはできないということです。このことは私たちの日常生活を考えても、十分に理解できることですし、行為というものが、何らかのかたちで他者に向けられているという意味で「社会的な」行為である以上、それは偶然的にそうなるというのではなくて、必然的なあり方であると言って差し支えないでしょう。

　逆に、行為の意味は行為者（ないしは行為）の内部で完結しなければならない、他者の理解（解釈）の仕方を完全にコントロールできなければならない、そうでないと自己と他者との関係とか、メッセージの送り手と受け手のコミュニケーションはそもそも成り立たない、などと想定してしまうと、（この想定自体が無理な想定なので）いっさいのコミュニケーションは不可能であるなどと結論づけざるをえなくなってしまいます。これはけっして笑い話ではありません。実際、このような議論は、これまでのいわゆる「コミュニケーション論」の研究（言語学、心理学、認知科学などの分野）のなかで、くり返しあらわれ、それを乗り越えようと膨大や時間とエネルギーが費やされてきました。まさにそこに、この無理な想定を破棄するのがいかに困難であるかがあらわれています。ですから、レイベリング理論が発見した当たり前の事実は、じつはとても大きな意義があるということになります。何かとても変な話ですけれど……。

　そういうわけで、たしかに行為の意味が他者による解釈に依存するというのは必然的で正しいのですが、だとすると、レイベリング理論が逸脱行動の研究のなかで見いだした、人種や階層などによって何が

逸脱であるかが異なってしまうということは、行為の意味が社会のなかで必然的に被る帰結ということになってしまいかねません。いくら社会学は科学だから（道徳的・政治的な）価値判断はしないといっても、差別を正当化しかねない理論にもとづいた逸脱研究というのは、やはり不自然としか言いようがない。しかもレイベリング理論は、もともと社会問題の解決への指向がとても強い。ベッカーは逸脱者のラベルを不当に貼られてしまう「『負け犬 underdog』の側に立つべき」と主張しているくらいです。それはそれでまったく正しいと思うのですが、でもそうすると、自らの理論的な主張と、それにもとづいた現実の評価というか実践的な立場の間に、どうしようもない亀裂が生じてしまいます。批判の対象となる、恣意的で差別的なラベル貼りは、行為の意味が相互行為のなかで、他者の解釈（まなざし）を通して構成されるという、かれらの理論的立場の延長線上にあることになってしまうからです。少なくとも理論的にはうまく批判ができない——いわば自分で自分を批判するようなかたちになってしまいます。

　とても困った事態です。たぶん、広い意味でのレイベリング理論の枠内で、問題を解決する方法は二つしかなかったのではないかと思います。ひとつはベッカーが実際にとった道、もうひとつは第8章で取り上げる社会的構築主義につながる道です。どちらにしても最終的には袋小路に入ってしまいますが、それも見ておきましょう。

　ベッカーは、たしかに「逸脱とは、行動それ自体に属する性質ではなくて、ある行為を行う者と、それに反応するひとびととの間の相互行為に属する性質である」と言っていますが、同時に「ある行為が逸脱であるかどうかは、ある程度は、その行為の性質（つまり規則を破っているかどうか）に依存し、ある程度は、他のひとびとがその行為に関して何を行うかに依存している」とも言っています。つまり規則を破っているかどうかという、行為の内在的な性質に対して、はっきり

と場所を与えています。そしてかれの有名な「逸脱行動の類型」（表 1）
では、逸脱と認定 perceive されたかどうかという次元とクロスさせ
られているのは、規則に違反した行動かどうかという、直接的で客観
的にその行動を定義する次元です。つまり、ベッカーは、ある行為の
意味が全面的に他者の評価に依存するという、レイベリング理論の主
張から明らかに後退している、というかれははじめからそこまでの
主張はしていないといった方が正しいでしょう。

　ベッカーがとった道は、レイベリング理論を全面展開して、行為の
意味を相互行為過程に全面的に開いてしまうのではなくて、行為の意
味の内在的で客観的な根拠のようなものを一部残しておくというもの
です。ここが残してあることによって、誤った、不当な、差別的なレ
イベリングという言い方が可能になる。現実を批判的に扱うことが可
能になるわけです。逸脱行動は規則に違反した行動として客観的に定
義できるという主張を批判したところから出発したはずのレイベリン
グ理論が、再びそこへと舞い戻らざるをえなくなったのですから、た
しかに理論的には不徹底というか、中途半端になるのですが、現実の
社会問題を研究する社会学者としては賢明な判断であると言えると思
います。

表 1　逸脱行動の類型

	順応的行動	規則違反行動
逸脱と認定された行動	誤って告発された行動	正真正銘の逸脱
逸脱と認定されない行動	同調行動	隠された逸脱

もうひとつの方法は、こうした不徹底を批判して、厳密な意味での「定義主義アプローチ」をとろうとする、マルコム・スペクターMalcolm Spector とジョン・キツセ John Kitsuse の「社会的構築主義 social constructionism」の方向です。基本的に、行為を含めてあらゆるものの意味は、それを定義しようとする活動によってのみ生じ、あるいは維持されると考えるので、レイベリング理論が告発しようとした、恣意的で不当で権力的であるようなラベル貼りは、あらゆるところで、つまり警察官が非行少年を摘発しようとするときだけではなく、私が家族や友人と話をしているときでも生じている——たしかにそういう場面でも、さまざまな勝手なラベル貼りが横行しているのはたしかですね。社会的空間は、いわば権力的・政治的なラベル貼りに満ちているということになります。そういう意味では、すべてに対して批判的であるかのように見えますが、じつはすべてに対して批判的であるということは、何も批判できない状態であるとも言えます。政治的・権力的でない状態が想定できないからです。つまり何でもあり anything goes になってしまう。いっけんとてもラディカルで批判的なように見えるけれど、逆にとても保守的というか、精確には、現実に無関心な態度にも見えるわけです。

アルフレッド・シュッツ（Alfred Schütz）の生涯

1899.4.13	オーストリア・ハンガリー（ハプスブルク）帝国の首都ウィーンに生まれる
1914 (15)	第一次世界大戦（1917〜18年に従軍）
1918 (19)	ウィーン大学入学
1922 (23)	銀行協会に就職
1932 (33)	『社会的世界の意味構成』出版
1938 (39)	ナチスドイツによるオーストリア占領
1939 (40)	ニューヨークへ亡命
1943 (44)	New School for Social Research 大学院講師
1952 (53)	教授
1959.5.20	60歳で没

ハワード・ベッカー（Howard S. Becker）の経歴

1928.4.18	シカゴに生まれる
1946 (18)	シカゴ大学卒業
1951 (23)	シカゴ大学で博士号 シカゴ大学、イリノイ大学、カンザス大学、スタンフォード大学で研究職
1963 (35)	『アウトサイダーズ』出版
1965 (37)	ノースウェスタン大学教授（〜1991）
1982 (54)	『アート・ワールド』出版
1986 (58)	『社会科学者のための論文技法』出版
1991 (63)	ワシントン大学教授（〜1999）

参考文献

丸山圭三郎『ソシュールの思想』岩波書店（1981）

アルフレッド・シュッツ『社会的世界の意味構成』木鐸社（2006改訳版：原著1932）

W. M. スプロンデル編『社会的行為の理論論争――シュッツ・パーソンズ往復書簡』木鐸社（2009改訳版：原著1977）

ハワード・ベッカー『アウトサイダーズ』新泉社（1993：原著1963）

ハーバート・ブルーマー『シンボリック相互作用論』勁草書房（1991：原著1969）

ロバート K. マートン『社会理論と社会構造』みすず書房（1961：原著1957）

平英美・中河伸俊編『新版 構築主義の社会学』世界思想社（2006）

第**8**章

ガーフィンケル、会話分析 そして社会的構築主義を読む
──『エスノメソドロジー研究』と『社会問題の構築』

　この章では、パーソンズの弟子であるとともに、シュッツからも強い影響を受けているハロルド・ガーフィンケル Harold Garfinkel (1917-2011) が 1950-60 年代に始めた、ちょっと不思議な社会学であるエスノメソドロジー Ethnomethodology、そしてそれを受け継ぎながら、1960 年代後半にハーベイ・サックス Harvey Sacks (1935-75) が始めた会話分析 conversation analysis について見ていきましょう。それにつづいて、第 7 章で説明したレイベリング理論が行き詰まったあとに、いわばそれを引き継いだ社会的構築主義、そしてそれにもとづいた談話分析／言説分析 discourse analysis についても取り上げましょう。

1　ガーフィンケルのエスノメソドロジー

　さて、ガーフィンケルは、1950 年代から少々変わったスタイルの社会学を始めていました。たとえば、学生たちに Garfinkeling（ガーフィンケルすること）と呼ばれた（揶揄された）、奇妙な実験の宿題（違背実験 breaching experiment）、「やあ、調子はどう？」と聞かれて、「調子って何のこと？」「説明して」などと応答するとどうなるか（もちろん相手は最初は困惑し、しだいに怒りだします）など。いったい、なんでこんなことをさせたのでしょうか？

　ガーフィンケルが目をつけたのは、私たちの日常生活というものが

いったいどのようにして成り立っているのかということ。社会学に限らず、心理学や経済学も、ある意味でそれを説明しようとします。社会学なら、パーソンズがしたように規範や規則（この二つは似ているようで違いましたね）を持ち出すでしょうし、経済学なら少しでも効用を大きくするため、あるいはコストとベネフィットのバランスを考えてひとびとは行動していると考えるでしょう。それはそれで一定の説明力はあるし、まったく間違いというわけではないけ

Harold Garfinkel
（1917-2011）
Arlene Garfinkel-Garfinkel
& #039;s family, CC BY 3.0

れど、でも何かおかしいのではないか、と言いだしたのはアルフレッド・シュッツでしたね。かれは、私たちが何をしているのかをしっかり自覚しながら行為しているという当たり前のことに注目しました。そして私たちがどのようにして意味ある現実をつくりだしているのか、社会学が説明すべきはそのやり方や方法なのであって、現実の意味を社会学が直接に与えたり、現実を直接に説明することじゃないと言いだしたのでした。もうそれはほとんど、ガーフィンケルの考え、主張です。なぜガーフィンケルは学生に、相手を困惑させ、怒らせてしまうような実験をさせたのか。それは、私たちが普通に用いている、意味ある現実をつくりだす仕方、方法をわざと壊すことで、逆にそれを浮き彫りにすることにあったのです。

　この実験では、「やあ、調子はどう？」というのは、明らかにたんなるあいさつであって、あいさつには（まずは）あいさつを返すものであり（あとで述べる「隣接ペア」）、それ以上でも以下でもないわけです。だからそれは「何の調子か」なんて話ではなくて、相互行為を始めるに当たってのいわばルーティンなのであって、それを最初からぶち壊すなんてどういうこと……。もうそこには何かの悪意があるとし

か思えない。だから相手が怒りだすのは当たり前。そうでなくても、私たちの日常会話では、何を指しているのかよくわからないとか、そもそも何を言っているのかよくわからないことすらありますね。だからといって、普通は相手を質問攻めにしたりはしない。科学的厳密さなど求めない。でもそれは、だからどうでもいいと思っているとか、いいかげんなわけではなくて、そんなことはだいたい話の流れのなかでしだいに明らかになっていくものだということがわかっているからです。社会学が明らかにすべきは、そういう普通のひとびと ehtno が意味ある現実をつくりだしている方法 method はどのようなものかということなのです。ですからかれは、それを「エスノメソドロジー ethnomethodology」と名づけた。すごいでしょ、新しい社会学を発明してしまった！

　では、どんな方法が明らかになったのでしょう。たとえば、「解釈のドキュメント的方法 the documentary method of interpretation」と名づけられた方法。それはもともとカール・マンハイム Karl Mannheim（1893-1947）が提起したものですが、起こっているできごとを、その背後に想定される「パターン」、つまりこういう場合はこうするといった規則性の「ドキュメント＝証拠」として取り扱う方法のことを指しています。たとえば、私たちが新しい集団や場に加わったときに、限られたそしてまた進行していくできごとの経験のなかから、こういう場合はこうするといったパターン、規則性を探し出していくような、発見的な方法のことと考えればよいと思います。そこで起こるできごとは、昨日のできごとや明日のできごと、そして他の場所で起こっているできごとなどと紐づけられ、関連するできごとの集まり＝文脈によって位置と意味を与えられ（インデックス性 indexicality）ますが、今度は、昨日のできごとや明日のできごとも、それはそれで、今起こっているできごとを文脈として意味を与えられていきます（相互反映性／

リフレキシビティ reflexivity)。もちろんこのような方法は、あくまで行きつ戻りつしながら、回顧と予想をくり返しながら、しだいにその場の秩序が理解できていくわけですし、そして何よりも私たちはそこでたんなる観察者（部外者）ではないのですから、実際に自分でその秩序に加わりながら（行為しながら）、自分を含んだ秩序をその内部から実践的に理解していくことになります（これもリフレキシビティ）。

　ところで、このような日常的な方法、意味ある現実をつくりだすひとびとの方法は、社会学的／科学的な視点から研究の対象として見たときに、どのように見えてくるのでしょうか。私たちが日常的に慣れ親しんでいる、相互反映的／リフレクシブな発見的な方法は、もちろん社会学的な研究の場面でも頻繁に使われますが（科学も日常の外側にあるのではなくて、あくまで日常の内部にあって、日常をベースにしています）、あくまで発見的な方法にすぎず、科学的には厳しい検証の積み重ねが要求されるはずです。つまり科学的な視点から見ると、このようなひとびとの方法は、柔軟といえば聞こえはよいが、いいかげんというか、あいまいというか、不確かというか、それ自体はあまり当てにならないものと考えられてしまうことになります。逆に言えば、科学的で客観的な基準から見れば、日常的な場面はとても困難で問題的な状況であると言ってもよい。何しろ、そこにどんなできごとのパターンがあるかもはっきりせずに自分で探さなければならないし、それが正しいという保証もないし、何といっても自分が状況に巻き込まれているので、そもそも客観的に確かめられず、自分だけの思い込みかもしれないし、ああ何という混沌！

　しかしながら、ガーフィンケルの見立てはこれとはまったく正反対だということがとても重要であって、けっしてそれを見逃してはいけません。かれの主張は、日常的な合理性に即してみれば、はっきりとせず、不確かで、パターンを探しださなければならない、インデック

ス性やリフレキシビティに満ちた状況は、けっして特別な困難でも、解決しなければならない問題でも・・ないというところにあります。日常的世界のそれらの特徴は、むしろ内側から説明可能性をつくりだすための・資源・になっていて、それがあるからこそ意味ある現実がつくりだせるということなのです。科学的合理性という特殊な、というか制約されたと言ってもよいかもしれない基準が、あたかもそこに解決されなければならない問題があるかのように見せかけてしまうけれど、日常的な合理性という（科学をも含んだ）ベーシックな視点から見れば、ちっとも解決が必要な問題ではない、むしろそれは大事な資源なのですね。もしそれがなくなってしまえば、合理性を維持、産出できない。そういう資源がなぜか問題に見えてしまうところに、科学的合理性の特殊性というか制約性があるのであって、その逆ではないということです。こういう見方の大転換・・・を成し遂げたこと、これがガーフィンケルの最も重要な貢献なのだと思います。科学／社会学は往々にして、存在しない問題（擬似問題）と、そしてまたその解決を勝手に読み込んでしまう、でっち上げてしまうことがあります。問題（パラドクス）はもともとないのです――ひとびとが解決（脱パラドクス化）しているのではなくて、もともとない。

2　会話分析

　ガーフィンケルが始めたエスノメソドロジーの延長線上で、1960年代後半にハーベイ・サックスがテープレコーダーに録音した会話データを分析するという、これまた奇妙な社会学を始めました（最初は電話の会話でした）。それにつづいて、エマニュエル・シェグロフ Emanuel A. Schegloff（1937-）などが会話分析 conversation analysis を発展させていきます。

　会話分析とは、日常会話を独自の研究対象とするとともに、会話当事者たちがどのような仕方、方法、手続きにしたがって、会話を自分たちで組織しているのかを明らかにしようとします。具体的には、「順番取りシステム turn-taking system」（発話の順番がどのように交替していくか）とか、「隣接ペア adjacency pair」（あいさつ – あいさつ、質問 – 回答、招待 – 受諾／拒否など）とか、「優先構造 preference organization」（招待などを拒否するときは、発話の遅れや言い訳などがなされる）とか、「制度的場面の会話分析」（日常会話でない、教室とか、病院とか、裁判所とかで特徴的な会話の分析）など、かなり多様な研究成果が蓄積されています。

　会話の「順番取りシステム」は、サックス、シェグロフそしてゲイル・ジェファーソン Gail Jefferson が1974年の論文で提起したもので、会話の順番の交代を管理するために利用される規則のことです。それはおおよそ以下のようなものです。現在の話し手が最初の区切り（移行が適切な場）で、つぎの話し手を選択した場合は、その話し手がつぎの発言をする権利と義務を負う。現在の話し手が、つぎの話し手を選択しなかった場合は、最初に話し始めた者がつぎの話し手になる権利をもつ。現在の話し手がつぎの話し手を選択せず、かつだれも話し始めない場合は、現在の話し手が話しつづけてもよい。ただしその義務はない。現在の話し手が話しつづけた場合、つぎの区切り（移行が適切な場）で、再びはじめから規則が適用される。文章にすると、ややこしい感じがしますが、内容を理解できれば、単純で当たり前の規則です。だからといってがっかりしないでください。この単純で当たり前の規則の絶大な威力は、かれらの実際の分析を見てみないと実感できないかもしれません。多様な会話が、いかにこの単純な規則によって、精密に秩序立てられているかを見るとびっくりすると思います。

「隣接ペア adjacency pair」というのは、あいさつ－あいさつ、質問
－回答、呼びかけ－応答、招待－受諾／拒否などのような、二つの成
分からなる、類型化された発話のペアで、第一成分は、第二成分を適
切なものとして条件づけるはたらきがあります。したがって、隣接ペ
アによって、会話連鎖は強く組織化されていきます。だから、順番取
りシステムで、現在の話し手がつぎの話し手を選択するときにも大い
に使われます。

　「制度的場面の会話分析」と呼ばれる一連の研究は、これまで社会
学で「制度 institution」と呼ばれてきた、マクロ（巨視的）な社会の構
造的要素、たとえば教育（あるいは学校）という制度（とそれに結びつ
いた「教師」や「生徒」という役割）とか、司法（あるいは裁判所）という
制度（とそれに結びついた「裁判官」や「被告」「原告」という役割）とか、
医療（あるいは病院）という制度（とそれに結びついた「医者」と「患者」
という役割）などが、相互行為というミクロ（微視的）な場面で、具体
的にどのようにはたらいているのかを明らかにしようとしています。
それは、会話の「順番取りシステム」や「隣接ペア」など、会話を組織
するための方法・装置と深く関係しています。すぐに見てとれるの
は、そのような場面では、会話の「順番取りシステム」が特異なかた
ちで変異して、会話が組織化されているということです。そこでは、
日常会話のように、その都度、順番の組織を管理していくのではな
く、何らかのかたちで、事前に順番の配分を管理しています。たとえ
ば、つぎの発話者を選択するのは、教師であり、裁判官です。だれ
が、いつ、何を語ることができるのか、についての一定の手続きがそ
こにはあるわけです。

　さらに言えば、これらの制度的場面は、とりわけ質問－回答という
隣接ペアによって引きつづいて起こる行為の連鎖が、日常会話とは異
なるパターンによって秩序づけられています。たとえば、教室では教

師が質問し Initiation、生徒が答え Reply、さらに教師がこの答えを
評価する Evaluation という特徴的なやりとり(日常会話では、そのよう
な評価は避けられます)によって、それが教育的な場面であることが「教
師」と「生徒」相互に、そしてその場にいる他の「生徒」や、これを観察す
る私たちにとっても、理解可能な仕方で示されているということです。

　相互行為の当事者たちは、互いに何をしているか（＝行為の意味）
を示しあい、それを理解していることを示しあいながら、相互行為を
組織していきます。しかもそれは当事者たちだけにとってではなく、
それを観察するだれにとっても、したがって私たちにとっても――
つまり公的 public に、理解可能な仕方で示されています。もともと
それは、個人個人がどう思っているかとか、本当に理解しているかと
いった次元とは異なる次元にあります。このことは、何度でも強調し
ておかなければならないと思います。なぜなら、それによって、いっ
たい何が起こっているのかという事実が、少なくとも理論的には確定
可能だと言えるからです。たしかにひとりひとりの解釈は多様かもし
れない。でも、ここで問題になっているのはそういう解釈ではありま
せん。そこで何が起こっているのかという事実は、だれにでもわかる
ようにそこに (提) 示されているのです。

　では、私たちはどのようにして行為の意味を示しあい、そしてその
理解を示しあいながら、相互行為を組織化しているのでしょうか。具
体例に即して見てみましょう。

　(1)
　Ａ：たまには、遊びに来いよ。
　Ｂ：ありがとう。今度行くよ。

1　　J. Heritage, *Garfinkel and Ethnomethodology* (Cambridge, 1984) pp. 254-5.

（2）

　Ａ：たまには、遊びに来いよ。

　Ｂ：ごめん。ここのところものすごく忙しかったんだ。

　（1）の場合、まずＡは、「招待 - 受諾 / 拒否」という隣接ペアを使っ
て、Ｂに呼びかけているように見えます。自分の行為をそのようなも
のとして「（提）示し present/ show」ているように見えます。そして
ＢはＡの発話を「招待」として理解していることを、自分の発話＝招
待の受け容れによって、同様に「示し」ています。ここで注意しなけ
ればならないのは、Ｂの（招待としての）「理解」は、けっして明示的 /
顕在的に「語られ / 言及され state/ refer」てはいないということです
（もちろんこれはＡの最初の発話についても同様です）。「それは招待です
ね（ですか？）」などと言ったら、それこそ Garfinkeling になってしま
う。日常会話では禁句です。まったく同様に、（2）の場合、ＢはＡの
発話を「なんで遊びに来ないんだ」という「不平あるいは非難」として
理解していることを、やはり「語る / 言及する」のではなく、自分の
発話＝言い訳をすることによって確実に「示し」ています。「それは非
難ですか」なんて言ったら、それこそ喧嘩になるし、それから言い訳
をしても、すでに遅い。

　ここでのポイントは二つあります。まず第一は、ある発話＝行為の
意味（その行為がいったい何であるのか、ここでは「招待」であるのかそれ
とも「不平あるいは非難」であるのか）は、それにつづく、相互行為する
他者の発話＝行為によってどのような理解が「示される」かに大きく
依存しているということ。私がいったい何をしているのかは、他者の
反応、他者の受けとり方に決定的に依存している。これはレイベリン
グ理論が明らかにしたことですね。第二のポイントは、他者による理
解、他者の反応は、最初の発話＝行為に引きつづく発話＝行為によっ

て、けっして明示的・顕在的に語られる／言及されるのではなく、暗
黙に示されるということです。じつはこれは、最初の発話＝行為の提
示についても当てはまることです。

　だれもその場で自分や相手の行為の意味を明示的 explicit に確認は
していない、だからそこでは何も起こらなかったのだ、というような
主張は通用しません。だれもそれを明示的に語ってはいないとして
も、まさにそこにあった＝（提）示されていたのですから。

　つぎにもう少し複雑な事例を見てみましょう。[2]

(3)
母：だれがその会合に行くか、知ってる？…………①
子：だれ？…………②
母：母さん知らないのよ。…………③
子：ああ、そうだね。父さんが言ってたのは、AさんとBさんだよ。
　　　　　　　　　　　　　　　　　　　…………④

　ここでは、子どもは、母親の発話①を「質問」ではなく、「だれが
会合に行くか」を子どもに教えるための予備的な発話（「先行連鎖」）
だと理解していることを、発話②で「質問」することによって示して
います。このように言うと難しく聞こえるかもしれませんが、普段よ
くあることです。相手に何か教えたいことがあるときに、よく使いま
せんか。「……のこと知ってる？」「じつはね、……なのよ」とか言う
でしょ、そう、あれです。だから、子どもは母親がこんな感じでくる
んだろうと思ったわけですね。で、いわばそれに相槌（あいづち）を打つかのよう

2　J. Heritage, *op.cit.*, pp. 257-8.(originally in: A. K. Terasaki,"Pre-announce-
ment sequences in conversation", Social sciences working paper, no. 99, Irvine,
Univ. of California, 1976.)

に、「だれ？」と言った。母親が「じつはね、あのＡさんが来るんだっ
て、すごいね」とでも言っていれば、スムーズだったのですが、そう
はいかなかった。母親の発話③は、このような子どもの予想というか、①に対する理解が間違っている、知らないから訊いたということを示しています。これが「修復 repair」の開始です。そう、①は普通の質問だったのです。なーんだ、そうだったのか。子どもはそれを了解し、④で、自分の発話②の「修復」の実行を自分でして、最初の「質問」①に「回答」しています。

　このように、二番目の位置で示された、最初の発話についての理解を、三番目の位置で最初の発話者が修復開始することを、「第三の位置 position における修復（開始）」と呼ぶことがあります。(1) や (2) の事例でも、第三の位置で、Ａが何か言いそうでしょ —— どんな修復の開始がありうるか考えてみてください。それによって、相互行為の行き先はそれぞれ異なってきます。このようにして、相互行為プロセスは、行きつ戻りつしながら、大げさに言えば相互行為内の固有の時間の流れを操作しながら、コミュニケーション（相互行為）の流れを会話のシークエンス（順次的なつながり）へと分解し、自らを組織化している、意味ある現実をつくりだしているわけです。

　私たちのさまざまな行為の意味（ある行為がいったい何で、それによって私たちはいったい何をしているのか）は、科学的観察者としての社会学者が決める（パーソンズ）のでも、行為者自身の意図（投企）が決める（シュッツ）のでも、他者たるマジョリティや強者が決める（レイベリング理論）のでもありません。そうではなくて、行為の意味は当事者たち（つまり行為者とその行為が向けられた、あるいはその行為に反応する他者）の間の相互的な interactive やりとり（コミュニケーション）のなかで、当事者たちによって決められていきます。もちろんそれは当事者たちが恣意的に、好き勝手にという意味ではありません。そこ

で使われる方法は一般的、さらに言えば普遍的な、あるいはアプリオリ（先験的）とさえ言えるような方法です。それでもやはりそれは仕方、方法なのであって、それを使って意味や秩序をつくりだしていくのは相互行為にかかわる当事者たちであるということになります。

3　社会的構築主義

　社会的構築主義social constructionism と呼ばれる知的運動の登場は、社会学で言えば、1960 年代後半から 70 年代前半の大きな裂け目、つまりパーソンズ社会学の急速な退潮と新しいパラダイムの模索の時期と重なりあっています。シュッツの影響色濃いバーガーとルックマンが 1966 年に出版して話題になった著書の題名が、『現実の社会的構築 *The Social Construction of Reality*（邦訳／日常世界の構成)』であったのは象徴的ですが、のちに展開される社会的構築主義と直接につながっているわけではありません。

　社会心理学では、1970 年代初頭にケネス・ガーゲン Kenneth J. Gergen（1934-）を中心にこの運動が広がり、談話分析（言説分析）discourse analysis にもとづいた研究（談話（言説）心理学などと呼ばれることもあります）が展開しています。談話（言説）を問題にするという意味では、だいぶ趣は異なりますが、ことば（言語の使用）を権力との関係から「言説」としてとらえるミシェル・フーコー Michel Foucault の仕事が矢つぎばやに出版されるのも 1960 年代後半から 70 年代前半にかけてです。さらにその背景にまで広げれば、この時代には、客観的な事実（真理）やそれにもとづいた（社会的）合意や統合（さらには進歩や発展）よりも、多様な解釈の自由を謳う「ポスト・モダニズム」の空気が支配的になりつつあり、それを定式化した、ジャン=フランソワ・リオタール Jean-François Lyotard（1924-98）の『ポスト・

モダンの条件』が出版されたのが1979年です。

　こうしてみると、やはり1960年代後半から70年代前半が、社会学を含む学問や思想や文化の大きなターニング・ポイントになっていることがわかると思います。すでに述べたように、この時期は、多くの先進資本主義国が、福祉国家的政策と強く結びついたフォーディズム体制の社会から、新自由主義的政策にもとづくポスト・フォーディズム体制の社会へと大きく変容していく時期なのです。

　さて、社会的構築主義が社会学の分野で明確に提起されたのは、「社会問題の構築主義」という、レイベリング理論のいわば後継者としてでした。レイベリング理論は、1970年代に入ると、社会的地位などの条件によってレイベリングされやすさが規定されるか（従属変数としてのレイベリング）、そしてレイベリングによって逸脱行動が促進されるか（独立変数としてのレイベリング）という「因果モデル」としての側面から論争に巻き込まれていきました。そして、実証的な研究によってはこれを確かめることができないなどと論難されていきます。

　1970年代の後半になると、逸脱行動や逸脱者を定義づけ、非難するレイベリングが逸脱行動や逸脱者に与える影響ではなく、それらが社会問題として取り上げられ、社会がその対応に動きだすプロセスへ焦点を合わせなおした「社会問題の構築主義」と呼ばれる研究が注目されていきます。たとえば、逸脱が医療の対象となる過程、喫煙の問題化の過程、薬物問題が「厳罰主義」政策につながる過程、児童虐待、女性虐待の問題化の過程など、さまざまな研究が行われるようになっていきます。

　こうした研究を主導したのは、スペクター Malcolm B. Spectorとキッセ John I. Kitsuse の『社会問題の構築 Constructing Social Problems』(1977) です。かれらは、レイベリング理論の「因果モデル」としての解釈と決別し、相互作用モデルという原点に立ち返ろうとします。そ

して逸脱行動だけではなく、より広く、環境問題や貧困・失業問題なども含んだ「社会問題」を研究対象とします。レイベリング理論が逸脱行動をマイノリティや弱者に対する（マジョリティや強者からの）ラベル貼りとみなしたように、かれらは、「社会問題」を社会状態の客観的な性質としてではなく、何らかの行動や現象を解決したり、改善したりする必要のある「社会問題」として定義づけようとする活動、つまり苦情を言ったり、告発したりするなどの活動によって、構築されると考えます。このようなアプローチは、問題とされる行動や現象が素朴にそこにあると前提する客観主義アプローチと区別して、「定義主義アプローチ」と呼ばれます。

「クレイム申し立て活動 claims-making activities」とは、何らかの「想定された状態」（たとえば環境汚染、格差、犯罪、非行、差別、虐待など）に関する不満や要求を主張する個人やグループの活動であるとされ、社会問題とはまさにそのような活動によって社会的に構築されるものであると主張されます。したがって社会問題の社会学の主題は、ひとびとが行う「クレイム申し立て活動」そのものであって、客観主義アプローチとは違って、申し立てられたクレイムの真偽、つまり「想定された状態」が本当に存在するのかどうかとか、本当にそれが解決や改善を要するのかどうかについては、問題にしない、判断をしないということになります。したがって構築主義にもとづいた社会問題研究は、たとえば、「クレイム申し立て活動」がどのようにして開始され、マスメディアがそれをどのように報道し、ひとびとがどのように反応し、政策形成につながったりつながらなかったりするのかといったプロセスを研究します。あるいはとくに社会問題の構築のために、さまざまな場面で相手を説得するために利用される言語使用、とくにその「レトリック」を研究することになります。

「社会問題」を研究対象としながら、具体的な社会問題からできる

だけ距離をとろうとする態度は少し理解しにくいかもしれません。ただ、すでにレイベリング理論に関して見たように、逸脱にせよ、社会問題にせよ、たしかにそれらを客観的に定義するのはとても困難に見えます。すでにそこには、社会の規範的な判断が大きく作用しているし、そうした判断についての争いが存在しているからです。たとえば、何らかの行為を非行（逸脱）や差別（社会問題）と見るかどうかは、それ自体が現実の社会のなかで、その定義をめぐって争われている問題なわけですから、社会学はその争いに直接に参戦するのではなくて、そこから一歩引いて、その定義をめぐる争い自体がどのようなものであるのかを問うべきではないのかということです。それはそれで十分に理解可能なものだと思います。

　さらに言うなら、客観主義アプローチの不可能性と定義主義アプローチの必要性という問題は、逸脱や社会問題にかかわる行為のカテゴリーに限られた問題ではありません。原理的に言えば、それはすべての行為について当てはまるはずです。その意味で、社会問題の構築主義は、すでに論じたエスノメソドロジー・会話分析の考え方と、基本的な認識を共有していることは事実だと思います。エスノメソドロジー・会話分析は、行為の意味は社会学者が直接にとらえるものではなくて、当事者たちが相互的なやりとりを通して、相互行為的につくり出しているのであって、したがって社会学の課題は、この相互的なやりとりの内実、その手続きや組織を明らかにすべきだと主張していたからです。

　ただし、両者の間には、決定的な違いがあることも強調しておかなければなりません。すでに見たように、会話分析の場合は、行為の意味が直接的で明示的に語られることはないということが、相互行為の基本原則として主張されていました。それに対して、構築主義が想定しているのは、むしろ直接的で明示的に語られるというか、それを名

指し、定義づけることによって、現実の意味がつくられると主張しているわけですから、この点はまったく対照的な考え方であるということができます。直感的な言い方ですが、構築主義者から見れば、相互行為はひとびとが協同的に組織する場ではなく、何が真実かをめぐる争いの場としてとらえられています。たしかに、会話分析が問題にしているのは、日常生活の相互行為であり、構築主義が問題にしているのは、まさに何かを問題視し、クレイムを申し立てるような、特殊な状況なのだということは事実だと思います。さらに、それに応じて、構築主義が取り扱うのは、せまい意味での相互行為だけではないということも事実だと思います。たとえば、マスメディアが発信する情報はもとより、SNS で発信される情報ですら、かならずしも相互行為的であるとは言えません。ただ、分析対象の違いや、分析する場面の違いを超えて、どうしてもそこには相互行為そのものについての、そして相互行為のなかで意味ある現実がつくられるということについての、基本的な考え方の違いがあるように思います。

4　談話（言説）分析

　社会心理学をベースとする社会的構築主義では、人格 personality、感情、能力など、個人の心的特性や内的現象とされているものが、たんに社会的関係や活動「によって」つくられるというのではなく、むしろ社会的関係や活動の「なか」にある、つまり心的現象は個人の「なか」ではなく、その外である社会的関係の「なか」にあると考えていきます。
　普通に考えれば、心的現象が個人の心のなかで起こる何かであるということは自明ですね。それが個人の外である社会的関係の「なか」にあるというのは、どういうことなのでしょうか。
　たとえば、私がある人に対して「怒り」の感情をもっているとしま

しょう。とりあえず「怒り」の感情は私の心のなかに湧き上がってくる感情です。それは間違いありませんね。ただし、それはある人との関係のなかではじめてあらわれてくるという意味では、その関係の「なか」にあると言えないこともありません。それだけではありません。感情というのはその表出・表現と深く結びついています。私が「怒り」の感情と思っているものは本当に「怒り」なのでしょうか。「怒り」として外的に表現されること、そして相手がそのように理解すること、じつはこのような外的で社会的なプロセスがなければ（たんにそれが私の「なか」で湧き上がってくるだけでは）、「怒り」の感情はいわばまだしっかりと存在することはできないと考えることができます。

　そう考えると、「怒り」の感情は、じつは社会的関係の「なか」にあり、その「なか」でつくられる（構築される）という主張も、まんざらおかしな主張ではないことがわかると思います。しかも、それは社会的関係のなかで、個人の内的な何かが言語（ことば）によって表現され、そして理解されるというコミュニケーションのプロセスと深く結びついています。私の内部、私の内的であるはずの経験は、コミュニケーションのなかに取り込まれ、さらされ、そこでそのありようがかたちづくられ、構築されていくということです。たしかにコミュニケーションというのは、私が無理やりそこへ引きずりだされ、さまざまに料理されてしまう場のようなところがありますね。

　個人の人格や内的現象が談話 discourse（言語を使用したコミュニケーション）のなかで構築されるということを例証する談話分析を紹介します。[3]

　（4）
　看守　　　：ところで、かれら［そのテレビ番組の視聴者］の第一

3　ヴィヴィアン・バー（1997）pp. 276-8.

　　　　　　　印象はどんなものだと思うか、聞かせてくれないか。

ジェイソン：囚人。

コープス　：ごろつきで酔っ払いのチンピラ。

ミファ　　：大人気ないトラブル・メーカー。

看守　　　：それで君は？

コープス　：いや、でも彼らはおれたちがここにいる訳を考えよう
　　　　　　とする。

看守　　　：君は何者なんだい？

コープス　：間違いをした人さ。

ゴールディ：人間。

　これは、ある少年院で、テレビ番組のインタビューを受けた後の、
収容者（少年）と看守のやりとりです。はじめに看守が尋ねているの
は、そのテレビ番組の視聴者が少年たちのことをどのように見ると思
うか、どんな印象をもつと思うかということです。少年たちがいった
い何者なのか、普通なのか普通でないのか、悪人なのか悪人でないの
か、それはかれら自身だけでは決められません。他者たちがどう見る
かという、他者のまなざしと評価にさらされています。レイベリング
理論のところで説明した通りです。ジェイソン、コープス、ミファの
発言はその事実をいわばなぞったような発言です。そこで看守はかれ
らが自分で自分を何者と思っているのかをさらに尋ねようとします。
コープスはちょっと躊躇していますね。そんなこと言っても、自分た
ちに逸脱者というラベルを貼る強い力があるじゃないか、それからは
逃れられないさ……という感じ。看守はそれでも、いったい自分自身
でどう思っているのかを答えるよう、さらに促します。やや強引と
いうか、無理やり感はあるものの、コープスは自分が普通の人で、
ちょっと間違いをしただけなのだということをこのディスコースのな

かで主張し、そのようなものとして自己（のアイデンティティ）を構築しようとします。さらにゴールディはそれをくり返すかのように、自分がみんなと同じ「人間」であることを主張し、自分たちを「どうしようもない逸脱者」と決めつける視聴者（社会）のまなざしにあらがおうとしているのです。

この分析からわかることは、個人のアイデンティティというか人格というか、いったいその人が何者なのかということが、ディスコースのなかでの実践、つまり発言とそれが受け容れられるかどうかと深く結びついているということです。この事例では、少年たちがさらされているディスコースは、看守とのものだけではないことも十分に予想できるでしょう。かれらはテレビ番組を通して、それを視聴する多くのひとびととのディスコースにも巻き込まれています。だからこそ、まさにそうしたディスコースのなかで、かれらがいったい何者であるかを構築しようとしているわけです。

参考文献

ハロルド・ガーフィンケル他『エスノメソドロジー』せりか書房 (1987)

G. サーサス, H. ガーフィンケル, H. サックス, E. シェグロフ『日常性の解剖学』マルジュ社 (1995)

H. サックス, E. A. シェグロフ, G. ジェファソン『会話分析基本論集』世思想社 (2010)

エマニュエル A. シェグロフ『会話分析の方法』世界思想社 (2018)

ピーター L. バーガー, T. ルックマン『日常世界の構成』新曜社 (1977：原著 1966)（新版）『現実の社会的構成』新曜社 (2003)

ケネス J. ガーゲン『社会構成主義の理論と実践』ナカニシヤ出版 (2004：原著 1994)

ジャン＝フランソワ・リオタール『ポスト・モダンの条件』書肆風の薔薇 (1986：原著 1979)

M. スペクター, J. キツセ『社会問題の構築』マルジュ社 (1990：原著 1977)

中河伸俊, 平英美編『新版 構築主義の社会学』世界思想社 (2006)

ヴィヴィアン・バー『社会的構築主義への招待 —— 言説分析とは何か』川島書店 (1997：原著 1995)

田中耕一『〈社会的なもの〉の運命』関西学院大学出版会 (2014)［第 2 章、第 3 章］

第9章

ルーマンとハーバーマスを読む
──『社会システム論』と『コミュニケーション的行為論』

　この章では、ニクラス・ルーマン Niklas Luhmann（1927-98）とユルゲン・ハーバーマス Jürgen Habermas（1929-）を取り上げます。この二人の接点は、1968 年 4 月にフランクフルトで開催された第 16 回ドイツ社会学会大会にさかのぼります。そのすぐ翌月にはパリで、学生たちを中心にした反体制運動が爆発、ゼネスト（多産業、全国規模のストライキ）に発展して全土が麻痺（「五月革命 Mai 68」）。最終的にはド・ゴール大統領率いる与党（共和国民主連合 UDR）が 6 月の議会選挙で圧勝しますが、運動の炎は日本も含めて、世界中に波及しました。アメリカ合衆国でも、ベトナム反戦運動、公民権運動を背景として、若者たちの反体制運動が急速に高まっていました。

　そうした激動のなかで発表されたのが、ルーマンの「全体社会の分析形式としての現代システム理論」、これに嚙みついたのが、フランクフルト学派第二世代の旗手たるハーバーマスでした。論争とはいっても、現実社会の対立と紛争の激しさと比べれば、ずいぶんとおとなしいものであったと言えるかもしれません。これをもとに 1971 年に出版された『社会の理論かそれとも社会的技術か（邦題：批判理論と社会システム理論）』では、ルーマンは「意味」の概念にもとづいた社会システム論を構想し、それに対してハーバーマスは「意味」はあくまで異なる複数の主体どうしの「コミュニケーション／相互行為」を前提とするのであって、社会システムの概念はどうしてもシステムとい

うひとつの主体へと還元されてしまうので、その条件を満たしていないと批判していきます。

　「意味」と「コミュニケーション／相互行為」、それは第7章および第8章で、シュッツ、レイベリング理論、エスノメソドロジー・会話分析、社会的構築主義を通して見てきたように、ポスト・パーソンズ時代の社会学にとって、最も重要な論点であったことは間違いありません。フォーディズム体制の社会からポスト・フォーディズム体制の社会への大きな転換期に、パーソンズの社会学が急速に退潮し、さまざまな新しいパラダイムが登場してきたわけですが、ここまで見てきたように、そこでの最も大きな論点が、「意味」と「コミュニケーション／相互行為」であったということ、そのことがここでも再確認できます。この論争以後、二人の人生は交わることはありませんでしたが、80年代に入ると、ルーマンは「オートポイエーシス・システム」、ハーバーマスは「コミュニケーション的行為」の概念をそれぞれ掲げて、まったく新しい境地を開拓していきます。

1　ルーマンの社会システム論

　ニクラス・ルーマンの出発点は、「意味」という問題です。では「意味 Sinn（独）／ meaning（英）」とはいったい何なのでしょうか。これについては、すでにシュッツのところ（第7章）でいろいろ考えましたね。シュッツは、フッサールやベルクソンにもとづいて、不定形で連続的な意識の流れのなかから、他とは区別されたひとつのまとまり、あるいは単位を際立たせること（構成すること）、そしてそのまとまり＝単位（unity 英／ Einheit 独）のことを意味と呼んでいました。その点に関しては、基本的にルーマンも同じなのですが、かれが強調するのは、そのまとまりがまとまりとして成り立つためには、それを取り巻

いて、それ以外のものごとがともにあるということ、あるいはそれ以外のものごととの差異、そして関係がそこにあることがどうしても必要だということです。

Niklas Luhmann
(1927-1998)
Teutopress/ullstein bild/
時事通信フォト

　だいぶややこしい言い方をしていますが、そんなに難しい話ではありません。たとえば、「社会学を勉強することにどんな意味があるのか」などというときに考えられているのは、たんに「社会学を勉強することが（それ以外の）何の役に立つのか」というだけではなく、というか、それを含めて、社会学の勉強が他のさまざまなものごと、たとえば他の教科の勉強だったり、学生生活の他の活動（サークルとか、バイトとか）だったり、あるいは将来の仕事や生活だったり、そういうものごととどう違い、そしてどういう関係があるのか、あるいはそうした関係のなかでどのような位置や役割をもっているのかということでしょう。これは、ことばの「意味」という場合も基本的に同じです。この場合も、まずはそのことばが（ことばの外部にある）何を指しているか（指示物）という意味で、そのことば以外のものとの関係が問題になっているわけですが、それだけではありません。そもそもことばがことば以外の何かを指すことができるのは、そのことばと他のことばとの違いと関係を通してでしかありません（これについては、あとで説明します）。少し難しいですが、ことばの「意味」とは、そういう他のことばとの差異と関係のなかにしかありません。

　したがってルーマンによれば、「意味」とは、今ここにある（顕在化している）何ものか——社会学を勉強することであれ、あることばであれ——を、今ここにはない（潜在化している）さまざまな別の何ものか——別の教科の勉強、学生生活の他の活動（サークルやバイトな

ど）、将来の仕事や生活であれ、ことばの指示物や他のことばであれ
——と区別しながら関係づけるはたらき（機能）だということになり
ます。あなたが今、社会学の勉強をしている（この本を読んでいる）と
いう顕在的な行為あるいは体験の背後には、別の教科の勉強や、学生
生活の他の活動（サークルやバイト）や、あるいは将来の仕事や生活に
ついての予想や期待などが、潜在化した「背景 background」として沈
んでいます。それらはあくまで背景であって注目はしていないので、
潜在的ではあるけれど、だからといってあってもなくてもよいわけで
はありません。それらはみな、顕在的な行為あるいは体験とつながっ
ているし、それを支えている。それはあたかも「図 figure」に対する
「地 ground」の関係のように、相互に条件づけあっています。

図6　ルビンの壺

図7　うさぎ－アヒル

　図6は、「ルビンの壺 Rubin's vase」と呼ばれる、心理学者ルビン
Edgar John Rubin（1886-1951）が考案した図形です。[4] 真ん中の白い
部分に注目すると、たしかに壺のような、盃（さかずき）のようなも

4　Edgar J. Rubin, *Visuell wahrgenommene Figuren: Studien in psychologi-
scher Analyse*（Kopenhagen, 1921）, p. 244（+5）.

のを横から描いた「図 figure」に見えますね。そしてその場合は、周りの部分は、「図」を引き立たせる黒子としての背景、つまり「地 ground」の役回りを演じています。ところが、この黒子であるはずの、周りの部分に目を凝らしていると、いつの間にか、今度は、二人の人間の横顔という、まったく別の「図」があらわれてくるはずです。そしてその場合は、あの壺あるいは盃であったはずの真ん中の部分が、今度は人間の横顔を引き立たせるだけの「地」になっています。「図」と「地」の反転が起こっている。何かが何かとして見えるためには、それを取り巻く潜在化した背景がどうしても必要であることが直感的に理解できると思います。背景（「地」）はあくまで背景で、見られてはいない（「図」ではない）にもかかわらず、というか見られていない背景であるからこそ、「図」を引き立たせることができる——背景は潜在化することで、顕在的な何かを支えているわけです。

　図7は、「うさぎ - アヒル」などと呼ばれ、心理学者ジャストロウ Joseph Jastrow（1863-1944）が使ったものです[5]（もとは作者不詳のようです）。ヴィトゲンシュタイン Ludwig Wittgenstein（1889-1951）にも、これを使った有名な議論があります。これは図と地の話とは少し違うのですが、「うさぎ」の口のように見える箇所（「アヒル」の後頭部）に注目するかどうかで、見え方が変わりますから、図と地の議論と共通性があります。

　フッサールは、あらゆる顕在的体験に不可避的にともなう、このような潜在的な背景のことを「地平 Horizont」というメタファーで表現しています。なぜ「地平」かといえば、それはいくら近づこうとしても逃げていってしまうからです。それに到達しようとしても到達でき

5　Joseph Jastrow, "The mind's eye", *Popular Science Monthly*, 54 (1899), p. 312.

ない。だからたんに潜在化しているというだけではありません。けっしてすべてを顕在化できない潜在化した背景、そういう非対称性がそこにはあります。ですから、フッサールはやがてそのようなあらゆる「地平の地平」として、私たちのすべての体験がそこにもとづいている「生活世界 Lebenswelt」という概念を提起することになります。

ルーマンは、顕在化しているものの背景にあり、潜在的で可能性にとどまっているが、顕在的な体験や行為と関係をもち、それを支えているようなものごとの総体を世界（フッサールの用語なら生活世界）の「複雑性／複合性 Komplexität」と呼びます。したがって今ここにある現実は、それ以外にありえないという意味で必然的ではなく、さまざまな可能性のひとつとして選択されているにすぎないという性質＝「不確定性／偶発性 Kontingenz」をもっているとされます。言いかえれば、「意味」によって、顕在化している現実は、背景的で潜在的にとどまっているさまざまな別の可能性へと架橋され、自らをひとつの選択として位置づけるとともに、さまざまな別の可能性を、必要に応じて注意を向けたり顕在化できる可能性領域として、保持しておくことができるということになります（「複雑性／複合性の縮減と保持」）。ここにはルーマンの基本的なイメージ——つねに他の可能性へ向けて動き、変容していくイメージがよくあらわれていると思います。

2　意味の自己言及性とシステムのオートポイエーシス

先ほど、ことばの意味の説明をしたときに、ことばが（ことば以外の）何かを指すことができるのは、そのことばと他のことばとの違い（差異）と関係を通してでしかない、と述べました。シュッツのところ（第7章）でも少し説明しましたが、言語が異なると、それぞれの単語は一対一で対応することはけっしてありません。木と tree のような

単純な単語でさえ、厳密には一致しない。普通、私たちは、ことばというのはものにつけられた名前のようなものだと思っているはずです。でももしそうだとすれば、言語が異なっても、必ず一対一で対応する語があるはずですね。しかし実際にはそうなっていないということもよく知っているはずです。ですから意外かもしれないけれど、木と tree は同じ「もの」につけられた、異なる「名前」ではありません。シニフィエ（意味されるもの＝概念、意味）が同じで、シニフィアン（意味するもの＝音声、文字）だけが異なるのではけっしてありません。シニフィアンとシニフィエは一体なのであって、つまりはシニフィエも異なるということです（木と tree は、同じ「もの」を指してはいない）。それぞれの言語のシステムは、そこに含まれるさまざまな語相互の差異のネットワーク（…/ 草 / 木 / 森 /…、…/bush/ tree/ wood（s）/…）を通して、現実の世界（「もの」の世界）へと向かいます。

　したがって、あることばは、直接的には、別のことばと区別されながら関係づけられている――ことばは、そうしたネットワークを通して、いわば間接的に「もの」の世界を指しているにすぎません。ことばのネットワークが世界にかぶせられると、あたかも世界そのものが、ことばとは無関係に、そのようなネットワークそのものであるかのように見えてしまう。もちろん、ここで言っている「もの」も「世界」もまた、あくまでことばであって、いわば本当のものでも世界でもありません。意味（ことば）は、どこまでいっても意味（ことば）を指し示すだけで、けっして意味（ことば）の外、ものの世界に出ることはできない。意味は自己言及 selfreference 的で、閉じているわけです。

　ルーマンによれば、意味を利用するシステムには、心的システムと社会システムがあります。心的システムは、何ものかについての「意識」をベースにし、そこから自らの要素として「思考 Gedanke（独）/

133

thought（英）」を産出しています。社会システムは、何ものかについての「コミュニケーション」をベースにし、そこから自らの要素として「行為」を産出しています。そして両者とも、ただそのことだけから成り立っているとされます。したがって、それぞれのシステムは、思考（意識）や行為（コミュニケーション）という、いわば要素の形式から逃れることはできません。私が何かを思考しても、それをコミュニケーションしなければ、社会システムの要素の産出にはなりませんし、私が何かをコミュニケーションしても、だれかがそれを思考しなければ、心的システムの要素の産出にはなりません。コミュニケーションが心的システムの要素になったり、思考が社会システムの要素になることはありません。その意味で、心的システムも社会システムも「閉じたシステム」であり、自己言及的に要素から要素を（ある思考から別の思考を、ある行為から別の行為を）再生産するという意味で、オートポイエーシス Autopoiesis・システムであるとされます。

　他方で、思考（意識）や行為（コミュニケーション）は、かならず「何ものかについて」の思考（意識）や行為（コミュニケーション）です——現象学ではこれを「指向性 Intentionaltät」と呼びます。心的システムも社会システムも、あらゆるものが思考（意識）や行為（コミュニケーション）の対象になりうるという意味で、環境＝外部に対して「開いた」システムでもあるとされます。要するに、心的システムは何ものかについて意識し、それを思考へと縮減／還元（reduzieren/reduce）することしかできないし、社会システムは何ものかについてコミュニケーションし、それを行為へと縮減／還元することしかできませんが（システムの閉鎖性）、逆に言えば、どんなものについても意識することは可能だし、どんなものについてもコミュニケーションすることは可能だ（システムの開放性）ということです。

　さて、思考も行為も、不可逆な時間のなかで生起するできごとで

あって、あらわれては消滅する運命にあります。したがってそれらが
つねに再生産されないかぎり、システムは存立していくことはできま
せん。しかもこのような要素の再生産は、同一の思考や行為がくり返
されればよいというわけではありません。意味を媒介にして、つねに
それ自身とは異なるけれど関連する要素が接続していかなければなら
ないわけです。会話分析のところ（第8章）で紹介した「隣接ペア」の
例を用いれば、「質問」には「回答」が、「依頼」には「受け容れ」や「拒
否」が、「非難」には「謝罪」や「言い訳」や「反論」が接続しなければ
なりません。

3　コミュニケーション・メディアと機能分化した社会システム

　ただし、ルーマンは、それだけでは十分ではないと主張します。た
しかに「依頼」を「拒否」したからといって、それもまた意味ある行為
（コミュニケーション）の接続には違いないし、そこで行為（コミュニ
ケーション）、さらには社会システム（相互行為のシステム）が停止して
しまうとは限りません。しかしながら、先行する行為（コミュニケー
ション）を受け容れ、そこに共通の選択性があらわれることによって
こそ、システムがシステムたりうるということも確かです。そこか
ら、行為（コミュニケーション）の受け容れを動機づける「（シンボルに
よって一般化された）コミュニケーション・メディア」（貨幣、権力、真
理、愛など）の意義が理解できるとされます——たとえば「依頼」は、
報酬（貨幣）や強制力（権力）や個人的親密さ（愛）などにもとづいて、
受け容れを動機づけることができるというわけです。もちろんこの
ような「メディア」は、行為（コミュニケーション）の受け容れを保証
するわけではありません。それぞれの「メディア」は、行為（コミュニ
ケーション）がいわばどのような文脈に置かれているのかを了解可能

にし、それを受け容れる（あるいは拒否する）ための「根拠」を提示するにすぎません。

　現代社会では、さまざまなコミュニケーション・メディアが分化するとともに、それに応じて全体社会は、さまざまな機能システム（経済・政治・法・科学・宗教・家族など）に分化しています。しかもたとえば、経済システムは、「支払い」によって「支払い」を再生産する閉じたオートポイエーシス・システムであるとともに、「価格」の変動を通して、環境（究極的には人間の欲望と資源）に対応する開いたシステムでもあります。

　このようにして機能的に分化したさまざまな社会システムは、相互に一定の自律性を保つばかりでなく、権力を買収することが法的に規制されたり、法が経済のグローバル化に対応できないことが政治問題化したりというように、多元的な構造をつくりあげています。したがって全体社会をまるごと観察したり、統制したりできる視点はけっしてありません。このように脱中心化された社会は、たしかに見通しがききにくくわかりにくいし、ある種の非決定性や時間差をつねに生み出しています。しかしそこから短絡的に、（観察や説明にしても実践にしても）「わかりやすさ」を求めるのは、複雑性と選択性をともに高めながら、リスクに備える多元的社会システムと逆行することになるでしょう—— わかりやすいものほど、怪しいと疑わなければなりません。正しさや結論を性急に求めるのではなく、つねに別の可能性を問いながらそれを開いていくこと、いわば意味の自己言及性とオートポイエーシスを最大限活用すること、ルーマンはつねにそういう姿勢を貫いていたように思いますし、そのことを理解することが最も重要だと思います。

4　ハーバーマスの「コミュニケーション的行為」

　ユルゲン・ハーバーマスは、第10章で取り上げるミシェル・フーコーと同じように、普通の意味での社会学（者）の範囲には到底収まりません。それにもかかわらず、かれらの研究が、社会学的にきわめて重要な貢献をもたらしているので、ここで取り上げているわけですが、ハーバーマスの場合は、ルーマンとの論争以降、かなりストレートに社会学的な研究へと乗り出していきます。このあたりは、いわば「論争のひと」であるハーバーマスの面目躍如といったところで、論争を通して、むしろ相手の議論や分野をうまく取り込み、自分のものにしていくというところがあります。『コミュニケーション的行為の理論』（1981年）では、マックス・ウェーバーはもとより、エミール・デュルケーム、そしてタルコット・パーソンズまで取り上げて、詳細な検討を加えています。

　ただ、ハーバーマスの関心は、一貫して、「コミュニケーション／相互行為」にあったのも事実です。それは、ひとりの行為者が道具を媒介として自然に対してはたらきかける目的活動である「労働」とは違って、複数の行為者が言語によるコミュニケーションを媒介として相互に承認しあうものです。しかしなぜ、「コミュニケーション／相互行為」という観点がそれほど重要な意味をもっているのでしょうか。このことを理解するには、「コミュニケーション／相互行為」と並んで、かれの重要な観点である「合理性Rationalität（独）／ rationality（英）」ということ

Jürgen Habermas
(1929-)

について見ていく必要があります。

　マックス・ウェーバーによれば、近代社会の特徴は、その「合理性」にあり、したがって社会の近代化とは、社会の「合理化」にほかならないとされます。たしかにそう言われれば、何となくそんな気はするのですが、しかしいったい「合理性」とは、厳密にはどんな意味なのでしょうか。ふつう「合理的」ということばを聞けば、無駄がなくて効率（能率）がよいとか、論理的に筋が通っていて計画的であるとか、などを連想すると思います。さらにそこには、道徳とか倫理とか価値といったものから距離をとり、感情や感覚、また伝統や慣習にも左右されないといったクールなイメージが浮かんでくるでしょう。たしかにそれは間違いではないし、ウェーバーもまた、行為の目的に対する手段の選択の「正しさ」——それは道徳的・倫理的な意味での「正しさ」ではなくて、論理的な関係や経験的な事実の問題としての「正しさ」——の程度をあらわすものとして、「合理性」という概念を使う傾向が強く見られます（「目的合理的行為」の重視）。しかし、それだけのことなら、わざわざ「合理性」などという大げさな言い方をしなくてもよいような気もします。

　そもそも「合理性」とは、ことばの通り、「理（性）reason」にかなっているという意味だとするなら、そこには、客観的な事実を正しく認識するとか、そうした正しい知識にもとづいて行動するという側面——それを認知的・道具的な側面と呼びます——ばかりでなく、どういう行動がそもそも望ましいのか、どういう行動をすべきなのかといった、道徳的・実践的な側面を含んでいてもおかしくないはずです（カントの言う「実践理性」ですね）。たしかに、このような道徳的・実践的な領域は、規範や価値にかかわっていて、客観的な事実の世界ではないので、科学的・技術的に取り扱える領域ではありません。だから、せまい意味での合理性の領域からは排除されてしまうのですが、

そうすると結局、何が望ましいのか、何をすべきなのかといった、道徳的・実践的な領域は、いっさいの根拠づけをともなわない、主観的で私的な「決断」へと還元されてしまうことになります――合理化されえない非合理的な領域として。しかしこうなってしまうのは、本来、合理性というものがもっている潜勢力を見損なっているからなのではないか、というのがハーバーマスの直感であったように思います。このあたりは、タルコット・パーソンズが展開した功利主義批判とも大きく重なります（第6章）。パーソンズは、功利主義が、目的に対する手段の適合性という意味でしか合理性を考えなかったことを批判し、規範的要素を含んだ、広い意味で合理性を考えなければならないと主張したからです。

　もっともハーバーマスは、もともと「批判理論」を唱道するテオドール・アドルノ Theodor Adorno（1903-69）、マックス・ホルクハイマー Max Horkheimer（1895-1973）などに代表される「フランクフルト学派」の第二世代でしたから、近代社会において「道具的理性」（ホルクハイマー）や「技術的理性」（ヘルベルト・マルクーゼ Herbert Marcuse 1898-1979）へと限定された理性のあり方を批判し、より広い「包括的（合）理性」の次元を構築しなければならないという発想は、こうした思考伝統のなかで、ごく自然に育まれたものだと言った方がよいかもしれません。

　では、なぜ合理性の概念は、限定的にとらえられてしまうのでしょうか。そこには、ひとりの行為者が客観的な世界（ものの世界）に対面するというモデルから出発するか、それとも複数の行為者たちがコミュニケーション／相互行為するというモデルから出発するか、という理論的な決定あるいは選択の問題がかかわっています。前者のモデルにしたがえば、合理性は、たしかに認知的・道具的なものに限定されざるをえなくなります。というのも、その行為者がどのような道徳

的・規範的立場を選択するかということは、そこでは問題になりえないからです。そもそもそれが問題になるのは、行為者がひとりではなく、他者を含む相互行為にかかわっていて、まさに社会的な関係に巻き込まれているからです。ひとりの行為者というモデルでは、このような社会的な関係が最初から排除されてしまっています。道徳的・実践的な問題が合理性概念から排除されるのは、そもそも合理性がこの問題に関係がないからではなくて、ひとりの行為者というモデルがこの問題を閉め出しているからだということになります。

　それに対して、相互行為する複数の行為者たちというモデルから出発すれば、すべての問題は複数の行為（者）間の「調整」という問題へと還元されることになります。つまり、客観的世界にはたらきかけて、成果を獲得しようとする認知的・道具的な行為も、あるいは正当性についての判断を下すような道徳的・実践的な行為も、それらが複数の行為（者）を含む相互行為として行われるかぎりは、相互行為のなかでどのようにして複数の行為（者）を調整するかという問題の二つの側面というかたちであらわれることになります。少しわかりにくいですが、行為の種類は違うのだけれども、複数の行為（者）を調整しなければならないという点に変わりはないということです。ハーバーマスは、前者を利害関係によって調整される「戦略的行為」、後者を規範的同意によって調整される「コミュニケーション的行為」と名づけます。たとえば、戦略的行為は、見返りを与えることで、相手に何かをしてもらうような場合、コミュニケーション的行為は、道徳や規範にもとづいた正しさの受容によって、相手に何かをしてもらうような場合を考えればよいでしょう。

5　生活世界の合理化

　さて、問題は「コミュニケーション的行為」、つまり規範的同意に
もとづいて調整される行為の類型です。じつは、規範的同意とはいっ
ても、そこには多様な形態がありうることに注意しなければなりませ
ん。ハーバーマスはそこにいくつかの大まかな段階があると言いま
す。まず第一の段階は、宗教的あるいは呪術的な世界像に覆われてい
るような段階です。そこでは、そもそも自然的なもの（とその背後に
想定される何か神的なもの）と、人間どうしの取り決め（約束）という
意味での人間的あるいは文化的なものの区別がまだはっきりとしてい
ません。すべては自然、あるいはその背後に想定される神さまのおぼ
しめしといった感じですね――だから、いったい利害関係の調整を
しているのか、規範的同意によって調整しているのか、よくわからな
い。

　第二の段階は、伝統や慣習が支配しているような段階です。利害関
係と規範的同意は区別されますが、その規範的要求が何ゆえに妥当す
るのかということ自体が、まだ自明性の闇のなかに沈んでいるという
ことです。伝統とか、慣習とか呼ばれるものの実体は、まさにこれま
で長年くり返されてきたということのなかにしかないわけで、だか
らあくまで潜在的な背景として、それ自体に光が当たらないかぎり
で（自明性の闇のなかで）こそ機能しうるということです――それ自体
に光が当たった瞬間に、それが何の根拠にもならないことが明らかに
なってしまうからです。「伝統」や「慣習」というラベルは、それを覆
い隠す、最後の目印でしかありません。

　最後のポスト慣習的な段階になってはじめて、一方がはっきりと
した根拠（理由）を示して妥当性要求を掲げ、他方がそれを批判した

り、あるいは受け容れる／受け容れないという仕方で、規範的同意が
コミュニケーション的行為を通して達成されるようになります。批判
可能な妥当性要求の相互承認によって、複数の行為（者）が調整され
るわけです。そして、ここにこそ、道徳的・実践的領域における合理
性、すなわち「コミュニケーション的合理性」があるというわけです。
このことは、合理的とは「理」にかなっていることだと述べた直感に
よく当てはまります。「理」とは、「理由」であり「根拠」ですから、そ
れにもとづいて行為が調整されるというのは、たしかに「合理的」と
いうことばに合っていますね。もちろん、「コミュニケーション的合
理性」は、あくまで規範的同意がコミュニケーション的行為を通して
達成されるという、その仕方にあるのですから、それと切り離して、
ある行為が「コミュニケーション合理的」であるかどうかを考えるこ
とはできません。しかし、それでも道徳的・実践的領域において、合
理的であるかどうかを考えることができるということを明らかにした
意義はやはり大きいと思います。

　だとすると、近代社会の合理性というのは、たんに科学的・技術的
な発展によって効率がよくなることだけを意味するのではなくて、伝
統や慣習によって行為が調整されるのではなく、コミュニケーション
的行為にもとづいた了解のプロセスと同意の達成によって、行為が調
整されるようになることをも意味していることになります。

　ハーバーマスは、このような変容を「生活世界の合理化」と呼びま
す。「生活世界」とは、ルーマンのところで紹介したように、世界を
（超越論的）意識の構成作用へと還元しようとしたフッサールが、あら
ゆる顕在的な体験にともなう潜在的な背景を経て、意識の構成作用と
ともにある（あるいはそれに先だつ）根源的な地盤のようなものとして
提起したものです。したがって生活世界とは、顕在的な体験の背後あ
るいは基底にある、潜在的な背景や前提の総体のことを指しています

から、もともと自明で問題視されないものとして、ひとびとの生活を
いわば覆（おお）っているわけです。呪術的・神話的世界像はもとより、「伝
統」とか「慣習」と呼ばれるものが自明なものとして問われることな
く、あたかも規範的同意があるかのごとくはたらくのも、まさにそれ
らが「生活世界」の重要な構成要素となっているからです。

　そういう意味では、たしかに「生活世界」は、それ自体で、あたか
もつねにすでに規範的な同意があるかのようにはたらく可能性はある
わけですが、ハーバーマスが主張するのは、そうではなくて、あくま
で「生活世界」を相互理解のための資源として利用したうえで、批判
可能な妥当性要求を掲げるコミュニケーション的行為とそれにもとづ
いた規範的同意の達成によって行為の調整を行っていくのが、近代社
会の理念なのだということです。「生活世界」は、規範的同意の代替
ではなく、あくまで資源なのだということですね。ハーバーマスは、
生活世界を「文化的に伝承され、言語的に組織された解釈パターンの
ストック」であるとすると同時に、さらに制度的な秩序や社会化され
た個人の能力まで含めて考えますが、だからといって、生活世界がそ
れ自体で社会の統合を保証するという意味ではありません。そうでは
なくて、生活世界はたしかにコミュニケーション的行為による同意の
達成を背後で支える資源ではあるものの、それと同時に、あくまでコ
ミュニケーション的行為による同意の達成を通して、それとともに再
生産されるようになっていくというわけです。もちろん生活世界が生
活世界であるかぎり、その外側に立って、そのすべてを疑問視するこ
とはできませんが。

6　生活世界の植民地化

　他方で、生活世界の合理化が進むと、それはそれでやっかいなこと

も起こってきます。あらゆる相互行為がコミュニケーション的行為による同意にもとづいて調整されなければならないという事態を想像してください。たとえば、どんな商品を買うにも、そのつど価格の交渉をしなければならないとすれば、日常生活に支障がでるでしょう。あるいは、組織や集団が、メンバー全員の同意によってしか意思決定ができないとすれば、その機能に障害がでてくるでしょう。そこで、言語を媒体としたコミュニケーション的行為ではなく、非言語的な媒体（貨幣と権力）を介したコミュニケーション領域（ハーバーマスはこれを「システム」と呼びます）が、生活世界から分化し独立する。それが市場によって規制された資本主義的経済システムであり、組織化された権力を制度化した国家であるというわけです。

　したがってシステムとは、言語による了解過程にもとづいて調整されるのではなく、非言語的な媒体である貨幣や権力によって、行為者の意味理解を経由することなく調整される行為どうしのつながりを指しています（だから生活世界は、参加者の視点から見た社会の位相であるのに対して、システムは観察者の視点から見た社会の位相であるとされます）。

　ハーバーマスによれば、生活世界からシステムが分化すること自体が問題なのではありません。あくまでこの分化自体は認めたうえで、コミュニケーション的合理性にもとづいた生活世界の再生産が、貨幣や権力を媒介としたシステムの再生産によって脅かされることが問題なのだということです（「生活世界の植民地化」）。

　資本主義的経済システムにおいて増大する対人サービス労働のなかで、本来、私的／人格的なあるいは親密な関係の領域である生活世界で再生産されるはずの「感情emotion」が、労働や商品として扱われ、貨幣を媒介として再生産されるようになることは、明らかに生活世界の再生産がシステムの再生産によって脅かされていることの例証だと

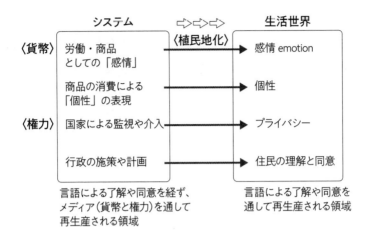

図8　システムと生活世界

言えるでしょう（ホックシールド Arlie Russell Hochschild（1940-）の「感情労働 emotional labour」の概念を参照してください）。同様に、「個性」という私的／人格的価値が、資本主義的経済システムを規制する市場で、さまざまな「個性的な」商品を消費し、身にまとうことで表現することが求められ、したがって「消費者」として資本主義経済システムの原理にしたがうことと切り離しがたくなっていることも、システムによる「生活世界の植民地化」の例証となるものでしょう。さらに言えば、国家による私的領域への監視や介入が進む（監視カメラ、Nシステムからマイナンバー制度まで）一方で、ポピュリズムと政治の空洞化によって、国家や地方政府のさまざまな行政施策や計画（全体にかかわるものから、医療、福祉、教育など個別分野にかかわるものまで）が、国民や住民の了解と同意を得られないままに進行するというのも、同様の事態です。

　「個人化 individualization」が進む今日では、道徳的・実践的領域が、ますます個人の問題、趣味の問題に還元されやすくなっています（「価

値観はそれぞれ違うからね」などと言って）。しかし道徳的・実践的問題は、あらかじめ決定されている個人の意思のなかにあるのではなく、その意思が形成される過程自体、すなわち普遍的な妥当性要求とその相互承認というコミュニケーション的行為のなかにあるのだということは、肝に銘じなければならないでしょう。だからそれは、個々人の意思を単純に世論調査で集計すれば済むというようなものではけっしてありません。

　最後に、ルーマンとハーバーマスを簡単に比較し、まとめておきましょう。不思議なことに、意味とコミュニケーション／相互行為という最も重要な論点については、両者とも、意味はコミュニケーション／相互行為を通して構成されると考える点で共通していると言ってよいと思います。その意味では、両者とも、（第7章、第8章で見た）パーソンズ以後のさまざまな動向と間違いなく重なりあっています。ただ、ルーマンの場合は、意味はつねに潜在的な他の可能性である「複雑性」に開かれていて、しかもその潜在化された可能性は「生活世界」のように現下の意味構成を支えるというよりも、コミュニケーションの接続（再生産）のなかで、実際に新たな選択肢として浮上し現実化されていくと考えているように見えます。意味はたしかにコミュニケーション／相互行為によって構成されるけれど、それは構成されたとたんに、違うもの、新しいものへとずらされ、差異化されていく、というあたかもポスト・モダニズムを思わせるイメージがそこにはあります。

　それに対してハーバーマスは、コミュニケーション／相互行為によって、少なくともその都度、意味が相互的に承認され、いわば（ルーマン的な意味での）意味が閉じられていくというところをあくまで強調します。そうでなければ、合理的な意味構成の根拠といったものをまったく考えることができなくなってしまうからです。したがっ

て、社会システムを考えるときも、ルーマンは諸機能システムの多元的で、相互に規制しあう関係を時間軸を含めて考えることによって、いかにして複雑性を維持しつつ秩序を形成しているかという観点からアプローチします。それに対してハーバーマスは、システムとその機能の正当性は、最終的には生活世界の相互承認にもとづかなければならないというのが近代社会の基本原理だという観点からアプローチします。もちろん、このような対比の仕方は、あくまで便宜的なものにすぎませんし、何よりも、（社会）システムの論理は、ポストフォーディズム体制の時代を迎えるなかで、ルーマンやハーバーマスの予想を超えて変容していったように思います。この点については、第10章で、ミシェル・フーコーとともに考えていきましょう。

ニクラス・ルーマン（Niklas Luhmann）の生涯

1927.12.8	リューネブルクで生まれる
1946-49（19-22）	フライブルク大学で法律を学ぶ
1949（22）	法学博士号
1956-62（29-35）	ニーダーザクセン州文部省行政官
1962-65（35-38）	シュパイアー行政大学研究員
1966-68（39-41）	ミュンスター大学研究員
1968-93（41-65）	ビーレフェルト大学教授
1971（44）	『批判理論と社会システム理論』（ハーバーマスと共著）出版
1984（57）	『社会システムの理論』出版
1998.11.6	71歳で没

ユルゲン・ハーバーマス（Jürgen Habermas）の経歴

1929.6.18	デュッセルドルフで生まれる
1949-54 (20-25)	ゲッティンゲン大学、ボン大学などで学ぶ
1954 (25)	ボン大学博士号
1956-59 (27-30)	フランクフルト社会研究所助手
1961 (32)	『公共性の構造転換』(教授資格論文、翌年出版)
1961-64 (32-35)	ハイデルベルク大学教授
1964-71 (35-42)	フランクフルト大学教授
1971 (42)	『批判理論と社会システム理論』(ルーマンと共著) 出版
1971-81 (42-52)	マックス・プランク研究所 (Starnberg) 所長
1981 (52)	『コミュニケーション的行為の理論』出版
1983-94 (54-65)	フランクフルト大学教授

参考文献

ユルゲン・ハーバーマス / ニクラス・ルーマン『批判理論と社会システム理論』
　　木鐸社 (1984：原著 1971)

ニクラス・ルーマン『社会システム理論』恒星社厚生閣 (1993-5：原著 1984)

ユルゲン・ハーバーマス『公共性の構造転換』未来社 (1973：原著 1962)

―――――『コミュニケーション的行為の理論』未来社 (1985-7：原著 1981)

A. R. ホックシールド『管理される心』世界思想社 (2000：原著 1983)

田中耕一「オートポイエーシス (ルーマン)」「コミュニケーション的行為 (ハーバー
　　マス)」大村英昭・宮原浩二郎・名部圭一編『社会文化理論ガイドブック』
　　ナカニシヤ出版 (2005)

第10章

ミシェル・フーコーを読む
──『監獄の誕生』『生政治の誕生』ほか

　本書の最後に取り上げるのは、ミシェル・フーコー Michel Foucault (1926-84) です。かれはもう 40 年近く前、1984 年に亡くなっていますし、普通の意味（とくにアメリカ的な意味）での社会学者ではありません。その枠組みをはるかに超えた哲学者、思想家です。しかし、現代社会の変容と社会学の現状を考えるにあたって、フーコーが残した業績は、今日ますますその重要性を増しているように思われます。

　これまで見てきたように、ポスト・パーソンズ時代の社会学（ルーマンとハーバーマスを含めて）は、私たちが日々何をしているか ── それが社会学の研究対象なのですが ── は、科学者／社会学者が客観的な基準で決めるものではなくて、当事者たちが、お互いの「コミュニケーション／相互行為」を通して、その「意味」をつくり上げていると考えるようになっていきました。ところが、やっと方向性が見えたと思っているうちに、いつの間にやら少しずつしかし確実に社会全体のあり方が変容していきます。70 年代後半から始まるポスト・フォーディズム体制への移行は、自由や多様性を重視しようとする当時の時代の空気 ── 社会学もまたそれに乗っていたわけですが ── を本当にうまく取り込み、利用しながら、それをどう全体として調整して、資本主義システムを最適化するかを考える、まったく新しい体制への移行であったと思います。それは、いかにも資本主義らしい変幻自在さと言うべきでしょう。自らへの不満や批判すら、うまく取り

Michel Foucault
(1926-1984)
AFP＝時事

込んで変態していく、変化を組み込んだシステムとしての資本主義です。

フーコーが、1970年代から一貫して取り組んできた、（権）力とその変容という問題意識と分析は、それ自体は16-17世紀にまでさかのぼる壮大な議論であるとともに、フォーディズム体制からポスト・フォーディズム体制への移行という、同時代的な社会変容の最も重要な側面にも光を当てる貴重な研究であったことは間違いありません。

1990年代以降——フーコーはすでに他界していますが——の急激な情報化は、私たちのコミュニケーション・情報環境を大きく変えていきます。ただ、個々人の表面上の自由と、市場原理にもとづいた全体の調整・最適化という基本構造は、そのまま温存、というかむしろ強化されていったような気がします。一方で、コミュニケーションの可能性、その複雑性や自由度は、爆発的に拡大するのと同時に、コミュニケーションの相互性にもとづいた合意や意味の構築はしだいに危うくなっているように見えます。それと引き換えに、全体の調整や統合は、もはや私たちの自覚的なコミュニケーションとは別のレベルで進められているように思われます（ハーバーマスなら「生活世界の植民地化」と呼ぶでしょう）。そういう意味で、フーコーの議論は急激な情報化を経た現代社会にまで十分に届く射程をもっていると思います。

1　「規律」とはどういう力か

かれを一躍有名にしたのは、「規律 discipline」という力（権力）についての研究でしょう。「規律」の議論はある意味でわかりやすいのと、

監獄のモデルである「パノプティコン panopticon」の例示がみごとだっ
たので、社会学を含めて多くの分野に影響を与えました。

　「規律」ということばは、一般にはそれほど使うことばではありま
せんね。discipline の語源は、指示を与えるとか、（知識を）教える、
（ルールなどを）教え込む（罰することも含めて）とか、（何かができるよ
うに）訓練するとか、教え込まれるもの（知識や技術や道徳など）とか、
逆に学ぶとか、学ぶ人（弟子 disciple）とか、だいたいそういう感じの
ことばです。ちなみに学問とか科学も、教える−教えられる知識、訓
練する−される技能だったりしますから、discipline と呼ばれることが
あります。discipline としての社会学とか。

　普通は「規律ある行動をとりなさい」などのように、ある一貫した
原則やルールにしたがっている（秩序正しい）という意味で使われま
す。だから、（教え込み、訓練することによって）ある一貫した原則や
ルールにしたがうようにさせる力のことを、フーコーは「規律」と呼
んだわけです。ただしそこで大事なことは、あれをしてはいけない、
これをしてはいけない、つまり行動の抑制や禁止ではありません。む
しろこうしなさい、ああしなさい、ある原則やルールにしたがった行
動をつぎからつぎへと生み出していくことです。

　どこかで聞いた話でしょ。そう、あのブレーキとアクセル、デュル
ケームとウェーバーです。とくに問題なのは、ウェーバーが注目して
いたアクセルの側面でしたね。禁欲 Askese/ ascesis（鍛錬、訓練）の
理想、世俗的職業労働に専心せよという規範的な指示、これにいわば
過剰と思われるほどにしたがいつづけさせる力、ある一貫した原則や
ルールにしたがった行為をつぎからつぎへと際限なく生み出していく
ような力、ひとびとの行動を促進し、増殖させ、アクセルをかけてい
くような力、そのような力はいったいどこから生じているのか、とい
う問題でした。それに対して、パーソンズは規範の（パーソナリティ

への）内面化という答えを用意しました。それはそれでとてもよくわかるのですが、やはりどこか、行為を否応なく駆り立てていく、そういう直接的な駆動力のようなものが感じられないのも事実だと思います。それはたぶん、パーソンズが身体の水準ではなく、精神の水準（頭で理解する水準）で考えているからなのだと思います。ウェーバーが注目していたアクセルの側面を十分に理解するには、やはりある行為の原則や一貫性を否応なく身体に染み込ませていくという側面、つまり規律の側面が必要なのではないかと思います。

　したがって、規律という力が向かう先にあるのは身体であるということはとても重要です。とくに社会学では、パーソンズの影響なのか、この点がきちんと理解されない場合も多いので、注意が必要です。規律は身体にはたらく力、身体に教え込み、身体を訓練するような力です。頭を使うのではなくて、身体を使う。身体に規則的な運動を染み込ませていくわけですから、何か物理的というか、強制的というか、たとえばスポーツで技能を高めるためにくり返し行われる練習を想像してもらえばよいと思いますが、どうしても身体に無理やりに覚えさせるという感じがありますね。だから、それは一歩間違えると、何かを自発的に、「自然に」できるようにするためというよりも、ただただ我慢ができるようにするために加えられる抑圧的な力へと横滑りしてしまう。

　それでもやはり、規律という力の本来の、というか少なくとも最も興味深い側面を抽出すれば、それは以下の点にあります。つまり規律がひとびとのなかにつくりだしていくのは、何かを自発的に、「自然に」にできるような力、「能力」であり、しかもそれはあたかももともと備わっていた「能力」であるかのようなものとして引きだされ、そして増幅・強化されていくということです。規律の本来的なあり方は、ひとびとの力を強化させるのであって、少なくとも禁止・抑圧に

よって力を弱くすることにあるのではありません。

　ただしそうだとすると、もともと規律は相手に何かをさせる力であり、相手を支配しコントロールする権力であるはずなのに、何かをさせるためとは言いながら、相手の「能力」を引きだし、強化してしまうとなると、それだけ相手は言うことを聞かなくなるわけで、何か本末転倒なのではないかと思えてきますね。たしかに、教師と生徒とか、コーチと選手とか、上司と部下とか、そういう関係が生徒や選手や部下の力（能力）の上昇によって、もはや維持できなくなるということはあるでしょう。ただし、生徒の勉強の能力が上昇すればするほど、生徒は勉強という枠組みのなかにますます組み込まれていきます。少なくとも「勉強なんてどうでもよい」とは言いにくくなる。同じように、選手の能力が上昇すればするほど、スポーツ全般、あるいは特定の競技という枠組みに強く組み込まれていく。音楽や別の競技も楽しいかもしれないのに……。部下の能力が上がれば上がるほど、大げさに言えば資本主義社会にますます組み込まれていき、間違っても資本主義を批判するなんてできなくなるかもしれない。

　要するに、力（能力）の増大は、その力（能力）が組み込まれている秩序やシステムの支配力を、したがってそれへの個人の服従をかえって増大させるということです。個人と個人の関係で見れば、支配関係は逆転するかもしれないけれど、秩序やシステム全体から見れば、それは些細なことです。重要なのは、規律による個々人の「能力」の向上は、その能力が組み込まれ、その能力を必要としている社会全体の秩序を強化するということです。ここが、能力の向上を目指す規律という力がもっている不思議なところです。普通は秩序や支配を維持しようとすれば、相手の力を削ぐ、弱くするしかないからです。規律は、相手の力を強くしながら、しかも相手をより強く支配し、服従させる。すごい、というか恐ろしい力です。

最後に、規律の作動様式というか、規律がはたらくための前提条件について簡単に見てみましょう。それはつぎの三つに集約されます。まず第一に、ひとびとを閉鎖された空間（監獄、学校、工場など）に集める（組織化・集団化）。第二に、ただ集めるのではなくというか、集めたうえで、ひとびとを個々人へと分解する、分断する（個人化）。これはとても重要です。それは、無秩序な群衆、集まりから、秩序だった個々人の配置へと変換することだからです。第三は、監視、評価、賞罰といった作用を通して、特定の行動・動作、ひいては規格化された「能力」の向上へとひとびとを導いていきます。いちばんわかりやすいのは、やはり学校でしょう。そしてもちろん労働が組織化される場、かつては工場、今では事務所とか店舗でしょうか。

2　服従する主体 ── パノプティコン

　「パノプティコン」というのは、「最大多数の最大幸福」という功利主義の原理で名高い、18世紀の思想家ジェレミ・ベンサム Jeremy Bentham（1748-1832）が設計した監獄のモデルのことです。ベンサムは、監獄が不必要な苦痛を与えず、更生のための、きわめて効率的な ── このあたりが功利主義的ですね ── 施設となることを目指し、その実現に奔走しています。残念ながらベンサムのプランそのものは実現しないのですが、その影響を強く受けた建物は世界中にあります。
　パノプティコンは、全体が円形につくられていて、真ん中に監視塔があり、それを取り巻くように円環状のたくさんの独房から成る建物があります（図9）。なぜこんな配置にするのでしょうか。すぐに想像できるのは、監視の効率がとてもよいということです。何といっても監視塔が真ん中にあるわけですから、少なくとも監視のためにあちこち歩き回るという必要がない。歩き回るというのは、監視者にとって

大変というだけではありません。歩き回っているということは、囚人たちを「つぎつぎに」見回るわけだから、じつは「つぎつぎに」監視の空白が生まれていく。監視は穴だらけということです。そうすると監視塔が真ん中にあるというのは、この監視の「穴」をふさぐためにはとても重要であることがわかります。というわけで、監視者は

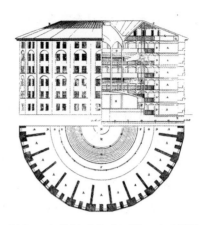

図9　ベンサムによるパノプティコンの構図

歩き回らなくてもよいし、監視者が歩き回ることによって生まれる監視の空白も防げる。こんなよいことはありません。たしかに以上のことは間違いではないのですが、パノプティコンの秘密は、この程度の効率の向上（これだけでもずいぶんとすごい感じはあるのに）にあるのではありません。こんなレベルをはるかに超える変化、監視効率の圧倒的な向上がそこには隠されています。

　ベンサムのアイデアのなかで重要なのは、窓や光といった視覚的条件についての説明です。それはちょっとわかりづらいし、本当にそんなこと可能なの、と疑問に思ってしまうところもある。でも大事なのは、それが本当に可能かどうかではなくて、なぜそんなに窓や光にこだわったのか、という点です。その理由は、ベンサムが「監視者からは囚人がよく見えるが、囚人からは監視者が絶対に見えてはならない」という、いわば視線の非対称性がとても大事だと考えていたからです。そのことが、なぜそんなに大事なのでしょうか。

　先にも述べたように、囚人にとっては、監視の空白というのはとても貴重です。みなさんが学校で、教師が板書している間（監視の空

白）にひそひそと話をするようなものです。監視塔が真ん中にあったとしても、囚人から監視者が見えれば、今まさに自分が監視されているかどうかを確かめることができるわけです。この場合は、監視塔が真ん中にあるのは、むしろ囚人にとって有利にはたらいてしまう。監視の空白を容易に発見できてしまいます。でも、もし囚人から監視者がまったく見えないとしたらどうでしょう。教室で教師の姿が見えなくなったらどうでしょう。もしかしたら「これ幸い」と思うかもしれませんね――やりたい放題。でもちょっと待ってください。本当にいないのでしょうか――いたらどうしよう、ということになりませんか。慎重なひとなら、安全のためには、どこかにいても大丈夫なように行動しよう、となるわけです。囚人がそう思ってくれればしめたもの、というか、もともとそれを狙っているのですが、もう監視塔の監視者はお役御免です。監視者の仕事はもうありません。いらないのです。なぜなら、監視者はいつの間にやら、囚人ひとりひとりのなかに、入り込んでしまったからです。かれらは、自分で自分の行動を監視してコントロールします。図10を参照してください。

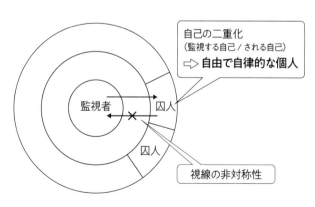

図10　パノプティコンの効果

　パノプティコンの囚人は、自分で自分を監視しコントロールする。これは、囚人の話のはずなのに、なぜか私たち自身の話になっています。なぜなら、この囚人こそ、自由で自律的な「主体」、つまり私たち自身が目指している（望ましいと思っている）人間像そのものだからです。私たちが目指しているもの、それは何と独房に閉じ込められた囚人のありようだということです。ああ、情けない……。

　自由で自律的な主体という、私たちが望ましいと思い、目指しているもの（近代の理想と言ってもよい）は、その背後に、薄暗い影のようなものがつきまとっている。それは何者かへの「服従」という、自由や自律性とは正反対の不自由や他律性を象徴するものです。自由で自律的な主体としての私たちには、つねに「服従」の影がついてまわっているというわけです。実際、主体という意味の subject には、服従という意味もあります。

　規律には、表の顔と裏の顔があること、自由や自律性には、服従や被支配の影がどこまでもつきまとうこと、ベンサムの「パノプティコン」は、このことをこの上なくあざやかに教えてくれます。ただ、よく考えれば、私たちはもうこのことを知っているはずです。私たちはすでに、規律という力が、一方で個々の身体の（能）力を発見し、引きだし、増大させていくと同時に、他方でその（能）力が組み込まれている秩序（勉強やスポーツや資本主義を例にしました）にますます服従させられていくという、奇妙な（権）力、不思議な（権）力であるということに注目しました。それは「パノプティコン」のなかに見いだされるパラドクスと同じものです。自由で自律的な主体として、自らの（能）力を開発しそして増大させることは、それがやたらに喧伝されているというだけで、すでにある種の支配や秩序のことばでもあることを見抜く余裕がないといけません。

3　生−権力への転換

　ところで、規律などという不思議な（権）力は、いったいどこから
やって来たのでしょうか。フーコーによれば、ヨーロッパでは、16
世紀末から17世紀あたりを境目にして、権力、つまりひとびとを支
配する力、たんなる暴力ではなくて、（被支配者から見て）何らかの正
当性をもった支配する力、これに大きな変容が起こったというのです。

　簡単に言えば、それまでの権力は、支配されているひとびとやその
活動にはあまり関心がないというか、反乱でも起こされると困るので
そこだけは関心がありますが、それ以外には関心がない。もし反乱を
起こせば、徹底的に弾圧して排除する、殺す。そういう意味で、これ
は「殺す」権力とか、「死」の権力と呼ぶことができます。権力の選択
は、死なせるか（殺すか）、それとも生きるままにしておくか（生への
無関心）です。それに対して、このころから、なぜか権力は、支配さ
れるひとびととその活動に急に関心をもつようになる。その理由は、
経済（資本主義）の発展と（ヨーロッパ圏内の）国家間の競争にあります。
国家間の競争に勝つためには、経済（資本主義）の発展が必要です。
そしてそれはまさにひとびとの活動に依存するのです。ひとびとがた
くさん働き、儲け、豊かになること、それ自体は権力の目的ではまっ
たくありませんが、経済が発展すれば国力は増大するわけですから、
権力の目的の副産物としてひとびとは豊かになるわけです。

　そういうわけで、権力はひとびとの（生命でもあり生活でもある）
「生」に関心をもつだけでなく、それを積極的に支援し、その力を増
大させようとしていきます。それまでの「殺す」権力から一転して、
「生」の力を増大し、それを管理／運営し、利用／活用しようとする
「生かす」権力、つまり「生 – 権力 bio-pouvoir（仏）/bio-power（英）」

へと大きく変容したというわけです。今度は権力の選択は、生きさせ
るか、それとも死ぬ・・・・ままにしておくか（死への無関心）になります。

　ところが、近代国家の権力が「生‐権力」だと考えると、すぐにそ
れとは矛盾する現象がたくさんあることに気がつくはずです。まず
何といっても、近代の国家間の戦争ほど、大量のひとびとを「殺す」
戦争はかつてなかったということが目につきます。戦争というもの
は、いつの時代も愚かなもので、それを正当化するものは何もありま
せんが、それでも近代の戦争ほど常軌を逸したものはありません。そ
れは、それ以前の戦争とはまったく異なる戦争だということを忘れて
はいけません。それ以前の戦争は基本的に兵士が戦う戦争でしたが、
近代の戦争は国民が戦う戦争、つまりすべての国民が兵士となって戦
う戦争に変わりました。こんなことは、本当に今までなかったことで
す。そういう戦争のことを「総力戦 total war」と言います（国家のも
つあらゆる力を投入する戦争という意味です）。ですから（現実はともか
く）論理的には、敗戦は国家／国民の滅亡を意味します。

　「生‐権力」のはずの近代国家がなぜ多くの国民の生命を脅かすの
か、それは近代の戦争の掛け金が、国民全体の「生存」であって、い
わば「生きる」ために戦争していることになるからです。国民が生き
残るためという名目で、多くの国民の命を奪う、言っていることと
やっていることが真逆なわけです。優生政策にもとづいた強制的な不
妊手術も遠い過去のことではありませんし、そこにあるのは「優生」
思想、つまり「生」の思想なわけです。「生‐権力」などと言うと、国
家が国民の「生」を無条件に支援していると誤解してしまうかもしれ
ませんが、それは大きな勘違いだと言わなければなりません。

　フーコーによれば、「生‐権力」には二つの顔があります。第一の
顔は、すでに説明した「規律」で、個々の身体を標的にし、その身体
を調教・訓練し、その身体がもつ能力・適性を増大させ、役に立つも

のに変容させ、しかもそのことを通して服従させるような力です。

　第二の顔は、「調整管理 contrôles régulateurs（仏）/ regulatory control（英）」と呼ばれ、個々の身体ではなく、いわばそれを迂回して、多くの身体の集まりに照準します。もともとは、17 世紀の国家が statistics（国家の学＝統計学）によって、当時の国家が関心をもちだしたひとびととひとびとの活動についてのさまざまな情報を収集し、それをモニタリングしだしたのが始まりです。わかりやすいのは、人口 / 住民 population の数とその変化から始まって、出生率とか、死亡率とか、平均寿命とか、さらには今でいう経済的な指標（作物の収穫量や価格とか、天然資源の量とか）、あるいは道徳的な指標（犯罪率とか、自殺率とか）まで拡大していきます。この力が目指すのは、とりあえずは「知る」ことにありますが、最終的には、身体の集まりの水準で、「生」の力を増大させ、それを利用 / 活用することにあります。

　「規律」がはたらきかけ、引きだそうとしているのが、個々の身体のもつ「自然な」力であるのと同様に、「調整管理」がはたらきかけようとしているのは、多くの身体の集合態のもつ「自然な」力です。それは、さまざまなできごとやひとびとの行動の「自然な」分布のなかにあらわれています。出生率、死亡率などの人口統計から、作物の収穫量や価格、貿易などにかかわる経済統計、犯罪率や自殺率などの道徳統計をモニタリングすることによって、それぞれの指標（変数）の変動や、あるいは指標（変数）どうしがどのような関係にあるのかがわかってきます。たとえば、伝染病が広がれば人口動態に影響しますし、気候や気温によって作物の収穫量は変わってきますし、経済活動の指標は犯罪率や自殺率と関係しています。したがって統計データのモニタリングだけで、いろいろなことを予測できますし、それにもとづいてあらかじめ対処（介入）することもできます。作物の収穫量が

少なくなりそうなら、輸入の準備をしなければならないでしょうし、人口動態が変動するなら、労働力の確保や機械化の推進などを考えなければならないかもしれません。犯罪率が上がりそうなら、取り締まりを強化しなければならないでしょう。

　ここで注意しておきたいのは、調整管理の目的が、かならずしもひとびとの福祉の向上ではないということです。それは、たんにもともと国力の増強が目的であったから（今も基本は資本主義経済の強化のためなので同じですが）というだけではありません。重要なのは、病気でも、犯罪でも、自殺でも、たしかに現実に可能かどうかという問題はあるにせよ、それらを無くそうなどとは露ほども考えていないというところです。デュルムームの『自殺論』を取り上げたときに説明しましたが（第4章）、社会に準拠するかぎりで、自殺を無くすのは少しも「自然」ではないからです。これについてのデュルケームの説明はたしかに秀逸で説得力もあるのですが、それでもやはり、個々のひとびと（身体）に対する、ある種の無頓着、無関心をどうしても感じざるをえないところがあります。

　「調整管理」は、たしかにひとびとの福祉の向上につながることもあるけれど、それ自体は目的ではないので、かならずしもそうなるとは限らない、むしろひとびとの個々の生については、ある種の無頓着、無関心が支配しているということです。「調整管理」が、個々の身体ではなく、多くの身体の集まりという水準に照準しているというのは、そういうことです。たとえば、「犯罪」を問題にする場合も、「調整管理」がかかわるのは、いつ、どこで、どんな犯罪がどのくらい起こっているかというデータと、それにもとづく予測および介入（取り締まり）プランです。それは、「規律」が個々人にはたらきかけて、犯罪を予防しようとするのとは対照的です。良くも悪くも、そこには、「規律」が想定しているような（自律的）個人、あるいは「主体」

は存在していません。

4　規律社会から管理社会へ？ ── そして新自由主義の支配

　ジル・ドゥルーズ Gilles Deleuze（1925-95）は、1990 年に書いた小論のなかで、フーコーの規律と（調整）管理の概念を使いながら、現代社会が「規律社会から管理社会へ」と変容していると述べ、この定式化がすっかり広がりました。フーコー自身はそういう見方をしたことはないのですが、70 年代後半以降のポスト・フォーディズム体制への変容、さらには 90 年代以降の急激な情報化の進展と重ねあわせて考えてみると、とても説得力があります。

　20 世紀中頃のフォーディズム体制は、労働者の長期的・安定的雇用にもとづいた、大量生産と大量消費の循環のシステムでした。そこでは大量の規格化された労働者が求められ、社会は規律という力を通して、ひとびとから必要な能力を引きだし、それを向上させようとしてきたと言ってよいでしょう。家族、学校、企業という「中間集団 intermediate group」を通して、ひとりひとりが必要な能力と行動を身につけるという、典型的な規律型の社会であったと言えます。

　それに対して、フォーディズム体制／規律社会への不満と反抗を経て、70 年代半ばからしだいに姿をあらわしてくるポスト・フォーディズム体制は、一方でひとびとの自由や多様性を認めながら、というかひとびとが市場原理に敏感に反応して柔軟に変化していくことが求められていきます。それが全体としての資本主義経済システムの最適化につながるからです。ひとりひとりに規律的な圧力をかけるというよりも、あくまで市場原理（利害得失）を通してひとびとが行動を選択するように誘導し、あるいはそのようにして行動を予測し、必要であれば介入します。これまでとは違って、ひとりひとりの存在に対して

は無関心・無頓着になっていきます。重要なのは、ひとびとが市場原理にしたがって行動することで生じるさまざまな規則性であり、それを発見し、利用し、強化することだと言ってよいでしょう。

　このようなポスト・フォーディズム体制のあり方は、個々の身体ではなく、身体の集合態への照準という意味で、フーコーの「調整管理」の力と重なります。もともとフーコーが論じているのは、国家が住民についての基本的なデータを収集・分析するということですが、言うまでもなく、資本主義の発展とともに、それは急速に社会という空間に広がり、そして埋め込まれていきます。保険・金融業での保険数理を用いたリスク計算とか、株価や為替の変動についてのデータや分析とか、政党支持や個別事案についての態度を調べる世論調査とか、そして何よりもわかりやすいのは、さまざまな商品市場の動向や消費者ニーズについてのデータを集め分析する市場調査（マーケティング）でしょう。さらに、90年代以降の急激な情報化のなかでは、インターネットによる取引にかかわる膨大な顧客情報が収集分析され、来るべき取引のために利用されたり（「行動ターゲティング広告」）、あるいはSNS上の投稿が大量に集められて分析され、そこからひとびとが求めているものを探し出そうとさえしています。ビッグデータとデータマイニングの時代です。ここまで来ると、はたしてどこまで「調整管理」の射程に収まるのかという気もしますが、いずれにしてもさまざまなデータの収集と分析にもとづいた予測や介入という操作が、かつて規律が社会に充満していったのと同様に、今度はそれにとって代わるかのように、社会のいたるところに浸透しようとしているのではないかと思います。

　ひとびとの行動を市場を通して誘導したり、市場を通して調整するというポスト・フォーディズムあるいは調整管理型社会は、市場を通した秩序化を目指しているからといって、18世紀から19世紀の古典

的な自由主義へ単純に逆戻りしているわけではありません。ポスト・フォーディズム体制以降、世界中を席巻することになる「新自由主義」について、最後に見ておきましょう。

18世紀のアダム・スミスが主張したのは、古典的な「自由主義」でした。市場の「自然な」秩序、はたらきに任せるというのが、かれの自由主義であり、したがってある種の自然主義でもありましたね。19世紀の「レッセ・フェール laissez-faire」（自由放任主義）は、その自律的なはずの市場が暴走し、制御できなくなって、貧富の格差がとてつもないことになってしまう。したがって20世紀は、自由主義に社会的な制約を課す「社会的自由主義」の時代になります。ケインズ経済学は、国家（社会）が市場に介入すること、たとえば、公共投資によって有効需要をつくり出すことで、市場経済を安定させることを可能にしました。それによって20世紀は、福祉国家、社会的国家の時代へと進んできました。

こうした動向への反動として登場してくるのが「新自由主義 Neo-liberalism」です。フーコーが注目するのは、1930年代のドイツ（フライブルク大学）で、ヴァルター・オイケン Walter Eucken (1891-1950)を中心に始まり、「オルド自由主義 Ordoliberalismus」と名づけられた経済思想の展開です（Ordo はラテン語で「秩序」のこと）。かれらは、戦後西ドイツの経済政策に強い影響力を発揮し、またかれらと密接な関係にあったフリードリッヒ・ハイエク Friedrich August von Hayek (1899-1992)は、アメリカ合衆国（シカゴ大学）で、新自由主義の拠点をつくります。

フーコーによれば、かれらは市場の原理を交換にではなく「競争」に見ます。だとすれば、市場を自由放任に任せるわけにはいきません。なぜならそれは独占や寡占を生み、競争を窒息させてしまうからです。市場の原理が「競争」にあるなら、それは国家による強い法

的・制度的な枠組みによってしか成り立ちません。だからかれらは
「秩序」を重視する自由主義を名乗ったのです。だからといって、か
れらは国家や社会の規制や介入に従順な自由主義を主張していたわけ
ではもちろんありません。それではかれらが批判したケインズと同じ
になってしまう。ですからまったく反対です。市場が埋め込まれてい
る枠組みである国家や社会が、全面的に「競争」という市場原理を受
け容れること、それ以外に、市場で公正な競争が維持されることはあ
りません。だからかれらの主張は、国家や社会が市場に介入するので
はなく、市場こそが国家や社会に介入しなければならないということ
になります。国家や社会全体を市場の力で覆うこと、国家や社会を
「競争」という市場原理によって全面的につくりかえること、かれら
が目指していたのは、この途方もない転倒でした。しかし今日から見
れば、教育や福祉から政策や行政まで、非経済的領域への市場原理の
導入（民営化）が進むばかりでなく、社会のなかで「調整管理」（市場を
通した誘導と調整）の力がますます増大するなど、この「途方もない転
倒」が現実になっています。私たちの目の前にあるのは、たんなる過
去の亡霊ではありません。

　最後に、社会が市場原理で満たされることによって、私たちひとり
ひとりのあり方が強く規定されていることも忘れてはいけません。か
つての規律型社会は、私たちを鋳型にはめていくようなところがあり
ました。それに対して、今日の調整管理型社会は、私たちが自分で環
境の変化に敏感に反応し、つねに市場原理（＝利害関心）にもとづいて
考え、行動することを求めます（私はそれを「規律型主体」に対して「適
応型主体」と呼んでいます）。結果はあなた次第——「自己責任」とは、
そういう社会の側の事情の反映であることを理解しておかなければな
りません。

ミシェル・フーコー（Michel Foucault）の生涯

1926.10.15	ポワティエ（フランス）で生まれる
1946（20）	エコール・ノルマル入学
1951（25）	大学教授資格試験に合格
1952（26）	リール大学文学部助手（心理学）
1955（29）	ウプサラ大学（スウェーデン）でフランス語講師
1958（32）	ワルシャワ大学（ポーランド）フランス文明センター講師
1959（33）	フランス文化学院（ハンブルク）院長
1960（34）	クレルモン＝フェラン大学助教授
1961（35）	『狂気の歴史』出版、博士号取得、翌年教授（心理学）
1966（40）	『言葉と物』出版、チュニス大学（チュニジア）招聘教授
1968（42）	ヴァンセンヌ実験大学センター教授
1969（43）	『知の考古学』出版
1970（44）	コレージュ・ド・フランス（Collège de France）教授
1975（49）	『監獄の誕生』出版
1976（50）	『性の歴史Ⅰ知への意志』出版
1984（57）	『性の歴史Ⅱ快楽の活用』『Ⅲ自己への配慮』出版
1984.6.25	57歳で没

参考文献━━━━━━━━━━━━━━━━━━━━━━━━━━━━━━━━━

ミシェル・フーコー『監獄の誕生』新潮社（1977：原著1975）
━━━━『性の歴史Ⅰ 知への意志』新潮社（1986：原著1976）
━━━━『生政治の誕生』（ミシェル・フーコー講義集成8）筑摩書房（2008：原著2004）
ジル・ドゥルーズ『記号と事件』河出書房新社（1992：原著1990）
田中耕一『〈社会的なもの〉の運命』関西学院大学出版会（2014）［第4章、第5章］

あとがき

　17 世紀のホッブズから始まり、20 世紀のフーコーまでの長旅がやっと終わりました。振り返ってみると、途中で立ち寄らなくてはならない社会学者をずいぶんと素通りしてしまいました。すぐ思いつくだけでも、ゲオルク・ジンメル Georg Simmel（1858-1918）、カール・マンハイム Karl Mannheim（1893-1947）、ロバート・マートン Robert King Merton（1910-2003）、アーヴィング・ゴフマン Erving Goffman（1922-82）、ピエール・ブルデュー Pierre Bourdieu（1930-2002）、ジグムント・バウマン Zygmunt Bauman（1925-2017）、アンソニー・ギデンズ Anthony Giddens（1938-）などの名前が挙げられるでしょう。もちろん取り上げた社会学者でも、マックス・ウェーバーやタルコット・パーソンズについては、もっとほかの著作も含めて議論しなければならなかったのではないかという思いもあります。それ以外にも、さまざまな欠落と過剰、あるいは濃淡など、気になるところがたくさんあるのは事実ですが、それでも社会学的思考の歴史を描き出すという、最低限の仕事はできたのではないかと思っています。

　内容について言えば、あらためて 1960 年代後半から 1970 年代前半にかけての時期が、いろいろな意味でとても大きな断層となっているということを思い知らされた気がします。本書のなかでは、フォーディズム体制の社会からポスト・フォーディズム体制の社会へ、というもともとは経済学（レギュラシオン理論）由来の概念を使って表現し、そこに「規律（権力）」と「調整管理（権力）」という、ミシェル・フーコーの概念を重ねあわせて表現しています —— さらに「新自由主義」についてのフーコーの秀逸な分析も加えて。

　80 年代から本格化したポスト・フォーディズム体制と、ひとびと

の集まりの水準ではたらく「調整管理」という独特の権力の浸透は、新自由主義の台頭と相まって、90年代以降のインターネットをベースにした情報化によってさらに拍車がかかったような気がします。さらに現在に引きつけるなら、昨年来の新型コロナウイルス感染症の度重なる感染爆発は、ひとびとの間の距離をさらに広げ、調整管理型社会で求められる、利害によって誘導される、大量でばらばらなひとびとの群れを再生産することになっているようにも見えます。このような現代社会のまさに核心にある諸問題について、私たちがこれからどこまでせまれるかは、社会学（的思考）にとってはもちろん、現代社会そのものにとっても大きな試金石になるでしょう。

本書は、関西学院大学社会学部の授業科目である「社会学史B」の講義ノートをベースにしています。いくつかの箇所で、とても鋭くそして適切な質問や指摘をしてくれた学生諸氏、そして議論が迷走しても我慢してくれた学生諸氏にお礼をしなければなりません。

関西学院大学出版会の田中直哉さん、戸坂美果さん、松下道子さんには、厳しいスケジュールに対応していただき、本当にお世話になりました。

最後に、いつも支えてくれている妻の明代に、ありがとう。そして二人の子どもたちにも。

2021年8月

田 中 耕 一

著者略歴

田中 耕一（たなか・こういち）

1955 年生まれ
慶應義塾大学法学部政治学科卒業
早稲田大学大学院文学研究科社会学専攻博士後期課程単位取得退学
博士（社会学）
現 　 職　関西学院大学社会学部教授
専 　 攻　社会学理論　現代社会論　社会学史
主要業績　『〈社会的なもの〉の運命 ── 実践・言説・規律・統治性』（関西学院大学出版会, 2014 年）
　　　　　『社会調査と権力 ──〈社会的なもの〉の危機と社会学』（共編著, 世界思想社, 2007 年）
　　　　　『新版・構築主義の社会学』（分担執筆, 世界思想社, 2006 年）
　　　　　「自己言及性の二つの位相 ── ルーマンとエスノメソドロジー」（『社会学史研究』第
　　　　　16 号, 1994 年）
　　　　　『現代の社会変動』（分担執筆, 慶應通信, 1992 年）
　　　　　『ルーマン / 来るべき知』（分担執筆, 勁草書房, 1990 年）など

社会学的思考の歴史
社会学は何をどう見てきたのか

2021 年 9 月 25 日 初版第一刷発行

著 　 者　田中 耕一

発行者　田村 和彦
発行所　関西学院大学出版会
所在地　〒 662-0891
　　　　兵庫県西宮市上ケ原一番町 1-155
電 　 話　0798-53-7002

印 　 刷　協和印刷株式会社

©2021 Koichi Tanaka
Printed in Japan by Kwansei Gakuin University Press
ISBN 978-4-86283-326-6
乱丁・落丁本はお取り替えいたします。
本書の全部または一部を無断で複写・複製することを禁じます。